Éloges anticipés pour
L'ENTREPRENEUR MINUTE

« Je vous promets que vous deviendrez quelqu'un de meilleur si vous assimilez la sagesse de ce livre. Une fois que vous aurez lu *L'Entrepreneur Minute*, vous saurez que cette sagesse vous était destinée. »

**— Don M. Green, directeur exécutif
de la Napoleon Hill Foundation**

« Quiconque souhaite améliorer ses compétences en leadership se doit de lire *L'Entrepreneur Minute*. Les grands leaders ont la chance de se faire de bons disciples, et cela ne peut s'accomplir qu'en aidant les gens à grandir. Ce livre pratique vous viendra en aide dans tous les domaines de votre vie privée et professionnelle en tant qu'entrepreneur. »

**— Ron Glosser, président de
Hershey Trust (à la retraite)**

« *L'Entrepreneur Minute* est une véritable mine de sagesse. Lisez-le si vous souhaitez sérieusement réinventer votre vie. »

— Mark Sanborn, président de Sanborn & Associates et auteur du livre *Le facteur Fred*

« Le service dans la vie et les affaires a fait couler beaucoup d'encre déjà ; il s'agit la plupart du temps d'une réflexion portant sur l'argent et les biens matériels. Le plus grand service en est toutefois un d'influence. *L'Entrepreneur Minute* vous enseignera l'importance de l'influence et vous amènera à choisir judicieusement vos mentors. »

— Jim Amos, président émérite de UPS

« Il se peut que ce livre semble petit de taille, mais il est grand en matière d'idées et de moyens pour tirer avantage de la sagesse d'autrui. Il se lit rapidement, mais les idées qu'il renferme vous resteront toute votre vie. »

— Paul J. Meyer, fondateur du Success Motivation Institute et auteur à succès reconnu par le *New York Times*

« Don Hutson et Ken Blanchard ont saisi l'influence de l'entrepreneur dans son essence. Bon nombre d'entrepreneurs exceptionnels ont eu une incidence sur ma vie. J'ai eu l'honneur et le plaisir d'en influencer d'autres à mon tour. Quelle joie et quelle bénédiction que d'en voir d'autres bénéficier d'une idée ou d'une expérience dont on s'enrichit chemin faisant, et de les voir en sortir grandis. »

— Howard Putnam, ancien PDG de la Southwest Airlines, conférencier et auteur de *The Winds of Turbulence*

« *L'Entrepreneur Minute* est agréable à lire et offre une expérience éducative unique. Don Hutson et Ken Blanchard ont bien réussi à enseigner le concept de l'entrepreneuriat tout en honorant les contributions de l'un des héros du milieu des conférenciers professionnels. »

— Zig Ziglar, auteur et professeur de motivation

L'entrepreneur minute

*LE SECRET POUR CRÉER
ET FAIRE PROSPÉRER UNE ENTREPRISE*

KEN BLANCHARD
DON HUTSON
ET
ETHAN WILLIS

Éditions du
trésor caché

L'ENTREPRENEUR MINUTE
Édition originale publiée en anglais par Doubleday, New York, NY (É.-U.) sous le titre :
The One Minute Entrepreneur
© 2008, Blanchard Management Corporation, Don Hutson et Ethan Willis
Tous droits réservés

ÉDITIONS DU TRÉSOR CACHÉ
2-36, rue de Varennes
Gatineau, (Québec) Canada
J8T 0B6
Tél. : (819) 561-1024
Téléc. : (819) 561-3340
Courriel : editions@tresorcache.com
Site web : www.tresorcache.com

Traduction : Marie-Andrée Gagnon
Révision : Nathalie Damiot
Infographie : Roseau Infographie, Inc.

Dépôt légal – 2008
Bibliothèque nationale du Québec
Bibliothèque nationale du Canada

Gouvernement du Québec – Programme de crédit d'impôt pour l'édition de livres – Gestion SODEC

ISBN 978-2-922405-58-3

Imprimé au Canada

Diffusion / distribution :

Canada : Messageries ADP, Longueuil (Québec), (450) 640-1234
Europe : Interforum editis, Contact France : Messageries ADP, Ivry sur Seine :
+33 (0)1 49 59 11 56/91
Europe (marchés spéciaux) : WMI Sarl, www.libreentreprise.com

Dédicace

Le présent livre est dédié aux milliers d'entrepreneurs qui ont surmonté d'innombrables obstacles et qui ont persévéré dans les bons comme dans les mauvais moments afin de créer des sociétés florissantes. Ces entreprises forment la base même du système de libre entreprise.

Nous dédions également ce livre à deux pionniers en particulier : Charlie « Tremendous » Jones et Sheldon Bowles.

Charlie Jones est notre mentor à tous deux depuis des années. Par le temps de qualité qu'il a passé en privé avec des milliers de gens aussi bien que par les discours extraordinaires qu'il a donnés en public à des millions de gens, nous l'avons vu influencer le monde – y compris le nôtre – une vie à la fois. Son amour des livres – qui l'a poussé à fonder sa propre entreprise, Executive Books, il y a quelque quarante ans de cela – a touché des gens partout dans le monde. Ses travaux personnels, ainsi que ses encouragements à lire, ont aidé d'innombrables personnes à améliorer leur vie et à réaliser leurs rêves. Sa passion effrénée pour les affaires a inspiré beaucoup d'entrepreneurs désireux de bâtir de grandes entreprises. Cette sommité est d'une spiritualité telle qu'il est impossible de ne pas trouver dans sa foi une source d'inspiration. Son enthousiasme est sans borne, son amitié profonde et son leadership transformateur.

Sheldon Bowles a influencé formidablement la pensée et la vie professionnelle de Ken et de Margie Blanchard. C'est un entrepreneur extraordinaire, un auteur reconnu par le *New York Times* et le *Business Week*, et un conférencier célèbre. Il a débuté sa carrière en tant que journaliste chargé de faire des reportages dans l'Arctique canadien, au Japon, aux États-Unis et en Europe pour le compte de divers médias comme le *Toronto Globe and Mail*, la Société Radio-Canada, le *Time*, le *Times* (Londres) et le *Winnipeg Free Press*. Il a délaissé le journalisme pour acquérir l'expérience des affaires et se joindre à la Royal Canadian Securities, Ltd., où il s'est hissé aux postes de directeur et de vice-président. Pendant quinze ans, Sheldon fut PDG de la Domo Gasoline Corporation, Ltd., dont il a fait – conjointement avec le sénateur Douglas Everett, président – l'un des détaillants indépendants d'essence les plus grands du Canada avec à son bord des effectifs de plusieurs centaines de gens. À une époque où l'industrie investissait presque exclusivement dans le libre-service, ils ont bâti leur affaire et leur réputation sur le service intégral «Jump to the Pump»®. C'est son expérience dans l'art de créer un service légendaire à Domo Gas qui a d'ailleurs conduit Sheldon à écrire, avec Ken Blanchard, le succès de librairie *Raving Fans*.

Après avoir quitté Domo, Sheldon – avec trois partenaires – a transformé une petite usine, Precision Metalcraft, Inc., en une société multimillionnaire. Cette grande réussite l'a conduit à écrire avec Ken son deuxième succès de librairie, *Gung Ho!* Sheldon et Ken ont réalisé qu'il était impossible de créer chez sa clientèle un engouement qui la fidélisera sans effectifs motivés, engagés et zélés.

La réussite de Sheldon dans le domaine de l'écriture l'a également conduit à se bâtir une troisième carrière en tant que conférencier stimulant ayant beaucoup à offrir à ses auditeurs. Son désir d'aider d'autres entrepreneurs a incité Sheldon à écrire deux autres livres avec Ken : *Big Bucks!* et *High Five!* Il n'y a rien qui ne lui plaise davantage que de servir de mentor à de jeunes chefs d'entreprise, surtout son fils Kingsley, sa fille Patti et celui qu'il considère comme un fils, Aaron.

Patti et son mari, Kristjan, ont créé une grande société de recyclage commercial, la Phoenix Recycling, et une société canadienne prospère qui se spécialise dans le stockage de documents et la destruction de documents hautement confidentiels, tandis que Kingsley dirige la société de porte-feuille de la famille et que Aaron reconstruit des moteurs à réaction.

Nous vous remercions, Charlie et Sheldon, pour votre influence positive et incessante, qui a rendu notre monde meilleur. Puisse tout le bien que vous avez fait aux autres vous être rendu plus qu'au centuple. Nous savons que votre influence fera toute la différence grâce à *L'Entrepreneur Minute*.

— Ken Blanchard et Don Hutson

Avant-propos

Il y a quelque chose au sujet de l'essentiel qui semble nous échapper à tous. En matière d'entrepreneuriat, nous nous laissons emporter par notre vision au point d'en oublier l'argent. Nous nous laissons emporter par nos clients au point d'en oublier nos employés. Nous nous laissons emporter par la vie au point d'en oublier la mort. N'est-ce pas étrange que vous et moi perdions ainsi de vue l'essentiel ? Voilà pourquoi le petit livre que voici me plaît tant. Il s'agit d'une merveilleuse histoire portant sur l'essentiel de l'entrepreneuriat.

Après avoir passé des années à étudier l'entrepreneuriat, je suis convaincu d'une chose : il est plus facile de parler de réussite que de réussir dans la vie. Aux États-Unis, près d'un million de personnes démarrent une petite entreprise chaque année. Malheureusement, au moins 40 p. cent de ces entreprises échoueront dès la première année, 80 p. cent feront faillite en moins de cinq ans et 96 p. cent auront fermé leurs portes avant leur dixième anniversaire.

L'échec des petites entreprises est attribuable notamment au fait que ce sont des techniciens qui les démarrent, à savoir des gens qui sont compétents dans leur travail et qui se plaisent à le faire. Qu'ils soient électriciens, auteurs, photographes ou analystes-programmeurs, ces gens commettent l'erreur fatale de continuer de faire le travail pour lequel ils ont les compétences nécessaires en faisant fi d'autres dimensions vitales de leur entreprise.

L'Entrepreneur Minute vous aidera à éviter de commettre cette erreur fatale. Dans une parabole aussi charmante qu'éducative, Blanchard et Hutson mettent l'accent sur trois choses essentielles auxquelles vous devez prêter attention si vous souhaitez prospérer en tant qu'entrepreneur.

La première clef de la réussite dans l'entrepreneuriat, ce sont vos finances. Beaucoup d'entrepreneurs font faillite parce qu'ils ignorent comment gérer leur argent. Leurs dépenses excèdent leurs ventes, ils ne recouvrent pas leurs créances et ils ne réalisent pas que leur réussite dépend des revenus, revenus, revenus.

La deuxième clef de la réussite dans l'entrepreneuriat fait intervenir vos effectifs. Amener les gens à se responsabiliser au sein de votre entreprise vous libérera, vous l'entrepreneur, de la nécessité de tout faire vous-même. Une fois que vos effectifs se sentiront responsabilisés, ils deviendront comme des propriétaires et souhaiteront ardemment offrir aux clients un service exceptionnel.

Ce qui nous amène à la troisième clef de la réussite dans l'entrepreneuriat, selon Blanchard et Hutson : prendre soin de vos clients. Vous aurez beau être le technicien le plus compétent du monde, si vous ne prenez pas soin de vos clients, vous ne connaîtrez jamais la réussite.

L'Entrepreneur Minute vous aidera, d'une part, à comprendre que, même s'il est plus facile de parler de réussite que de réussir, le fait de mettre l'accent sur quelques points essentiels aura pour effet d'améliorer considérablement vos chances de réussite et, d'autre part, à vous amuser chemin faisant.

— Michael E. Gerber, entrepreneur et auteur de
The E Myth, *The E Myth Revised* et
Awakening the Entrepreneur Within

Une note pour les lecteurs

Bien que *L'Entrepreneur Minute* soit une parabole fictive, un certain nombre de conseillers parmi ses personnages sont de vraies personnes. Pourquoi les avons-nous nommés ? Parce que nous devons notre réussite à des mentors qui semblent être entrés dans notre vie au bon moment pour nous apporter les bons conseils, et que nous avons été assez intelligents pour les écouter.

Pourquoi *L'Entrepreneur Minute* ? Parce que nous avons pu nous rendre compte que les meilleurs conseils que nous ayons reçus nous ont souvent été prodigués en moins d'une minute. Autrement dit, les perles de la vie ne résultent pas de longs discours, mais plutôt de conseils courts et significatifs. C'est peut-être d'ailleurs ce qui explique que *Le Manager Minute*, qui est basé sur trois secrets simples, apparaisse sur les listes de best-sellers depuis plus de vingt-cinq ans.

Ethan Willis a apporté sa contribution au livre en élaborant une évaluation exhaustive sur Internet selon vingt qualités clés que tout entrepreneur doit posséder pour connaître la réussite. Ces traits de caractère gagnants sont énumérés en annexe. Pour vous évaluer vous-même en fonction de ces qualités clés, veuillez visiter le site www.estrengths.com (en anglais seulement). Cette évaluation gratuite vous aidera à profiter au maximum du présent livre, en vous amenant à découvrir vos forces en entrepreneuriat.

Bâtir de solides fondations

Depuis l'enfance, Jud McCarley rêvait d'avoir sa propre entreprise. Pourtant, il passa à un cheveu de gâcher ses chances avant même d'avoir terminé le lycée.

Jud était un bon garçon, mais un élève ordinaire. Par rapport à tout ce à quoi il accordait le plus d'importance, on peut dire qu'il vivait une excellente terminale. Il était populaire, il jouait au poste d'ailier dans une équipe de football gagnante et il avait une jolie petite amie qui croyait que le monde tournait autour de lui. Cette année formidable était toutefois sur le point de prendre fin abruptement.

Un samedi soir qui s'annonçait comme tous les autres, Jud raccompagna sa petite amie chez elle après leur rendez-vous en amoureux et alla voir les gars au Gridiron Grill. Las de parler pour ne rien dire, quelques-uns d'entre eux décidèrent de se rendre en voiture jusqu'à la carrière de pierres pour y boire quelques bières.

Jacques «le Bolide» invita Jud à monter avec lui. Le Bolide n'était pas un ami intime, mais comme Jud raffolait des voitures, la nouvelle Mustang performante de Jacques l'en persuada.

Jacques dévalait la route Desmarais à 120 km à l'heure dans une zone de 70 km à l'heure, se montrant digne de son surnom, lorsqu'il vit des gyrophares s'allumer. Il se rangea sur l'accotement, sortit son permis de conduire et ses papiers d'immatriculation, puis regarda approcher le policier d'un air penaud.

«Sors de la voiture, fiston», lui dit le policier.

Jacques lui obéit. Jud resta assis immobile, à se demander s'il était censé en sortir lui aussi. Après avoir chapitré Jacques et lui avoir remis une contravention pour excès de vitesse, le policier se pencha pour regarder Jud dans la voiture.

«Et toi? Te plies-tu toujours à la volonté de tes copains?» lui demanda le policier.

«Heu, je, heu» commença Jud, mais avant qu'il ne réussisse à articuler une phrase complète, le policier reporta son attention sur un petit sac de vinyle qui sortait de sous le siège du conducteur.

«Qu'avez-vous là?» demanda le policier.

«Je l'ignore», lui répondit Jud.

«Peut-être que je devrais y jeter un coup d'œil», dit le policier. Il ouvrit la portière et sortit le sac de vinyle de la voiture. «Ça m'a tout l'air d'être de la marijuana.» Il regarda le Bolide, puis regarda Jud de nouveau. «Je crois qu'il vaudrait mieux qu'on aille au poste et qu'on appelle vos parents.»

Une seconde! Le policier venait-il de parler de «marijuana»? Le fort battement de son cœur lui faisait bourdonner les oreilles. Comment cela pouvait-il se produire? Il ne s'était jamais drogué! Qu'est-ce que ses parents allaient dire? Qu'est-ce que tout le monde penserait de lui s'il devait faire de la prison? Qu'allait-il pouvoir dire pour se tirer de ce pétrin?

Durant le trajet long et silencieux jusqu'au poste de police, Jud et Jacques imaginèrent toutes sortes d'issues à leur situation. Une fois sur place, l'affaire fut réglée d'avance. Jud réalisa que personne n'allait se tirer d'aucun pétrin ce soir-là à force de paroles. Ils firent le seul appel téléphonique auquel ils avaient droit, furent mis derrière les barreaux et commencèrent à discuter du moyen de se sortir de là.

Le garçon qui se trouvait dans la cellule voisine les entendit parler et leur lança : « On tourne pas une émission de télé ici, les gars. Quand on vient ici, on y passe la nuit, peu importe qui on est, ce qu'on a fait ou ce qu'on n'a pas fait ! » Il avait l'air d'être un habitué de la place. Jud se fit encore plus petit sur son banc.

Le père de Jud se présenta sur les lieux tôt le lendemain matin. Après s'être fait sévèrement chapitrer par son père, Jud se sentit comme un criminel.

« Papa, lui dit Jud, tu m'as bien élevé et tu mérites mieux que de te retrouver ici avec moi en ce moment. Je te jure que je ne me suis jamais drogué. Je ne savais même pas que Jacques fumait de l'herbe. Je suis vraiment désolé de tout ça. »

Reginald McCarley, un homme très à cheval sur les principes, se faisait une idée bien précise du bien et du mal.

« Jud, je te crois, mais je vais te dire quelque chose que je ne veux jamais te voir oublier. M'écoutes-tu ? »

« Oui, monsieur », lui répondit Jud.

Son père le regarda droit dans les yeux. « Quand j'avais à peu près ton âge, mon oncle m'a enseigné qu'un jour on devient la moyenne des cinq personnes à qui on s'associe le plus étroitement. Ne sous-estime jamais l'importance du choix de tes fréquentations. Et rappelle-toi que, lorsque l'occasion d'apprendre des choses au contact de quelqu'un dont l'intelligence ou la réussite est exceptionnelle se présente, tu dois attraper et retenir les perles qu'il t'envoie. »

Ce fut un moment crucial pour Jud. Bien qu'il ne le réalisât pas sur le coup, c'était la première de nombreuses leçons importantes qu'il allait apprendre au cours de sa vie. Cet incident lui fit prendre conscience de la chance qu'il avait d'avoir un parent aimant qui se souciait de lui. Cela l'amena également à comprendre qu'il ne pourrait qu'améliorer son sort en s'associant à des gens attachés à de bonnes valeurs et qui réussissaient dans la vie.

***

Après l'entraînement de football le lundi après-midi, l'entraîneur Knapp demanda à Jud de venir dans son bureau. Ayant une idée de ce dont on voulait l'entretenir, Jud se rendit au bureau de l'entraîneur Knapp avec trépidation.

«Ferme la porte et assieds-toi», lui dit l'entraîneur.

Sans dire un mot, Jud prit place sur une chaise.

«J'ai entendu dire que ton week-end avait été pénible, lui dit l'entraîneur, et je veux te dire quelques trucs que j'espère tu te rappelleras. Une des décisions les plus difficiles que j'ai eu à prendre dans la vie consistait à décider si j'allais accepter ce poste d'entraîneur ou rester dans la société pour laquelle je travaillais depuis huit ans. J'ai abandonné ce qui aurait pu être une bonne carrière là-bas, mais je me disais que je pourrais faire une plus grande différence en tant qu'entraîneur.

«Jud, tu es populaire, tu es un élève acceptable et tu es un très bon joueur de football. Mais tous tes professeurs sont convaincus que tu pourrais faire mieux. Quand vas-tu te décider à faire quelque chose de ta vie, au lieu de déconner en buvant de la bière à la carrière de pierre?»

Jud eut l'impression d'avoir reçu un coup de pied dans l'estomac. Il avala difficilement sa salive.

L'entraîneur Knapp poursuivit: «Tu veux réussir ta vie, non?»

«Oui, monsieur», lui répondit Jud.

«Alors profite de l'occasion pour faire demi-tour. Tu es quelqu'un de bien et issu d'une bonne famille. Avec tous les travaux de rénovation que ma femme et moi faisons dans notre maison, nous aimons faire affaire avec l'entreprise de bois de construction de ton père. Tu as découvert ce week-end que tu n'es pas à l'abri de tout, fiston. Je veux te montrer quelque chose.»

L'entraîneur ouvrit un tiroir et en sortit un livre à la couverture de lin bleu usé.

«Ma mère m'a donné ça quand je suis parti étudier à l'université. Elle m'a demandé de prendre une minute ici et là pour y écrire les choses importantes qui m'arrivaient et de dessiner une étoile à côté des principales leçons que j'apprenais, pour que je puisse les lui faire partager lorsque je reviendrais à la maison pour les vacances. J'ai résisté au début, mais je m'y suis mis en peu de temps, non seulement pour tenir la promesse que j'avais faite à ma mère, mais aussi pour y inscrire des citations qui me plaisaient, des choses que j'apprenais et des pensées que mes décisions importantes m'inspiraient. Pour mieux me les rappeler, je les résume à leur essence pour qu'elles se lisent en tout au plus une minute chacune. C'est une habitude qui a changé ma vie.»

L'entraîneur sortit un calepin neuf et le remit à Jud.

«Tente l'expérience. Si tu décides de faire quelque chose de ta vie, enregistres-y les meilleures idées que tu entendras sur le chemin de la vie.»

Jud éprouvait du respect pour son entraîneur et fut ému de voir celui-ci prendre le temps de s'entretenir de la sorte avec lui. Ce jour-là, il quitta le bureau de l'entraîneur déterminé à changer sa vie du tout au tout et à la ramener sur les rails de la réussite.

Avant d'éteindre sa lumière ce même soir, il sortit son nouveau calepin et prit une minute pour y inscrire les conseils qu'il avait reçus de son père et de son entraîneur au cours de la semaine. Se remémorant le conseil que son entraîneur lui avait donné d'être concis, il décida de les appeler Conseils minute.

Le dimanche suivant, Jud alla chez ses grands-parents avec sa famille. La famille n'avait rien dit au grand-père au sujet de «l'incident» de Jud, mais elle en avait informé sa grand-mère. Comme elle avait été enseignante et directrice du personnel, rien ne l'étonnait plus et peu de choses lui échappaient. Tandis que les autres passaient du temps ensemble au salon, la grand-mère de Jud le fit venir dans la cuisine pour s'entretenir avec lui en privé.

«Tu vas bientôt partir à l'université, Jud, lui dit-elle, et là-bas tu seras exposé à toutes sortes de gens et d'idées. Tu vas te trouver parfois à la croisée des chemins, où tu devras faire des choix. Efforce-toi de prendre des décisions judicieuses et réfléchies. Souvent, les décisions qu'on prend quand on est jeune sont plus importantes que celles qu'on prend plus tard dans la vie, parce qu'elles ont plus d'années devant elles.»

«Je ferai de mon mieux», lui dit Jud.

«Aussi, laisse-toi guider par des valeurs comme l'intégrité, l'amour, l'honnêteté et un travail significatif, parce qu'elles seront les fondations sur lesquelles ta vie sera bâtie. Mets tes valeurs par écrit et veille à les lire chaque jour. Ensuite, quand ta conscience t'indiquera que tu es en train d'en transgresser une, arrête-toi. Reconnais-le et reviens dans le droit chemin.» Elle fit une pause, pour permettre à son conseil de pénétrer l'esprit de son petit-fils.

Puis elle poursuivit: «Jud, tes valeurs font partie des choses les plus importantes que tu puisses posséder. Ne laisse jamais passer l'occasion de faire la bonne chose. Tu n'as jamais à tricher pour gagner. Rappelle-toi qu'il importe plus de savoir ce qui est bien que de savoir qui a raison. Si tu veux connaître la réussite et l'équilibre dans la vie, tes valeurs te serviront de véhicules pour y parvenir.»

Sa tendresse et sa perspective spéciales de grand-mère faisaient d'elle un mentor attrayant – plus encore qu'un parent – pour Jud. Ce soir-là, il alla tout droit à son calepin pour ajouter les perles que sa grand-mère venait de lui envoyer aux Conseils minute qu'il avait reçus de son père et de son entraîneur.

CONSEILS MINUTE

☞ Associe-toi aux gens que tu admires et qui sont susceptibles de t'enseigner des choses.

☞ Inscris dans un calepin les paroles de sagesse que tu lis, entends et apprends, et fais-en des Conseils minute.

☞ Une bonne vie se bâtit sur des valeurs solides comme l'intégrité, l'amour, l'honnêteté et un travail significatif.

☞ Tu n'as jamais à tricher pour gagner.

☞ Savoir ce qui est bien importe plus que savoir qui a raison.

Acquérir de la connaissance

Au cours des années qui suivirent, Jud s'appliqua dans ses études et finit parmi les premiers de sa promotion à l'Université de Memphis, tout en travaillant à temps partiel comme vendeur dans un magasin de vêtements. Plusieurs de ses amis avaient déjà accepté un poste dans de grandes sociétés, mais Jud n'était pas sûr à 100 p. cent de ce qu'il devait faire par la suite. La vente lui plaisait, mais il rêvait d'avoir sa propre entreprise. Il tirait de la fierté du fait qu'en tant que fournisseur indépendant qui faisait de la vente dans un magasin de vêtements, il gagnait deux ou trois fois plus d'argent que les autres n'en gagnaient par leur emploi à temps partiel.

M. Avery Tonning, professeur de vente et de marketing de Jud, avait pris les dispositions nécessaires pour que Jud et quelques autres étudiants en administration en dernière année d'université puissent assister de temps à autre à des dîners-conférences du club Sales & Marketing Executives de Memphis, lors desquels ils eurent l'occasion d'entendre des conférenciers spécialisés dans la vente.

Lorsque M. Tonning encouragea Jud à mettre par écrit les idées clés énoncées durant ces conférences, Jud lui sourit. À ce moment-là, il avait déjà rempli trois calepins de pensées clés, auxquelles il s'empressait d'ajouter les idées des conférenciers chaque fois qu'il en avait l'occasion.

M. Tonning était entré dans la vie de Jud au moment idéal. Non seulement lui servit-il de professeur, mais aussi de directeur d'études. Connaissant la passion que Jud vouait à la vente, M. Tonning l'encouragea à assister à un séminaire que Dirk Gardner, président du National Sales Forum, présentait dans la région.

À son arrivée au séminaire, Jud s'attendait à peu de chose. La plupart des conférenciers spécialisés dans la vente qu'il avait entendus à l'université étaient des présentateurs marginaux. Toutefois, dès que Gardner fit une entrée en scène remarquée, Jud sut qu'il allait faire une expérience complètement différente. En quelques minutes à peine, le conférencier captiva son auditoire. Jud n'avait jamais vu ni entendu quelqu'un comme lui auparavant. Tandis que Gardner présentait avec persuasion ses arguments au sujet de la motivation de soi, de la réussite dans la vente et des vertus du système de libre entreprise, Jud sentit un frisson lui parcourir le dos. Un enthousiasme tel qu'il n'en avait jamais connu jusque-là le gagna.

Le séminaire présentait quatre conférenciers de renom : M. Kenneth McFarland, Bill Gove, Charlie « Tremendous » Jones et Zig Ziglar. Jud n'avait jamais entendu parler d'eux, mais il se disait que si Gardner était la figure de proue et que ces autres hommes étaient censés être encore meilleurs, la journée serait peut-être des plus étonnantes.

Le premier conférencier, Charlie Jones, fit preuve d'un enthousiasme sincère. Son mot préféré, vous l'aurez deviné, était « formidable » (d'où le surnom de « Tremendous »). Il l'employait si souvent que, lorsque des gens s'étaient mis à l'appeler « Tremendous » plusieurs années plus tôt, tout le monde s'était mis à l'appeler ainsi.

Jones déclara à son auditoire captivé : « Dans cinq ans, vous serez les mêmes personnes qu'aujourd'hui, à l'exception des gens que vous rencontrez et des livres que vous lisez. » Puis il lança d'une voix tonitruante : « Si vous désirez sérieusement connaître la réussite, vous devriez vous créer une bibliothèque composée de livres portant sur la débrouillardise et d'œuvres des géants de la littérature ! Une fois que vous aurez déterminé que vous admirez les propos, les valeurs et le style d'un auteur, dévorez chacun des ouvrages de cet auteur.»

Comme Jud aimait beaucoup lire, cela n'allait lui poser aucun problème. Il prit note de ce qu'il pourrait se procurer à la bibliothèque de l'université.

Le conférencier suivant fut Zig Ziglar. *Où ces gars-là vont-ils chercher leur nom ?* se demanda Jud. Par une présentation dynamique et un humour du Sud tout simple, Ziglar enseigna à Jud : «Vous pouvez obtenir tout ce que vous voulez de la vie, si vous aidez suffisamment de gens à obtenir ce qu'ils veulent.» Cette affirmation toucha une corde sensible chez Jud. Il était d'avis que de grandes occasions s'offrent à soi dans la vente lorsqu'on vend quelque chose auquel on croit.

À la pause déjeuner, Jud se rendit dans le vestibule et y attendit patiemment en faisant la queue pour acheter un des livres de Charlie Jones. Le grand homme le signa, et ils passèrent quelques minutes à discuter. Jud fut touché par sa sincérité et sa chaleur. Il prit la carte professionnelle de Jones et lui demanda s'il pouvait le contacter plus tard. Au grand étonnement de Jud, Jones accepta.

Le troisième conférencier fut Bill Gove, premier président de la National Speakers Association. C'était un expert de la vente, mais avec sa capacité de faire rire, il aurait pu tout aussi bien être humoriste. En parlant de ses humbles débuts, il déclara : «Nous étions une grande famille vivant dans une petite maison. Je n'ai jamais pu dormir seul jusqu'à ce que je me marie !» L'auditoire se tordit de rire.

Gove offrit sa sagesse : «Tout le monde se plaît à acheter des choses, mais déteste s'en faire vendre. Soyez à l'écoute ! Posez des questions, évaluez les besoins et développez des relations. Si vous en venez à exceller, les gens viendront presque enfoncer votre porte pour acheter chez vous.»

Quelle idée rafraîchissante comparée aux tactiques de vente avec insistance et à l'arraché dont il avait entendu parler auparavant. Gove soutint que la vente était une profession formidable et honorable destinée à ceux qui savaient s'y prendre. En réalité, tout le monde vend ses idées chaque fois qu'il ouvre la bouche. Alors, pourquoi ne pas apprendre à exceller dans ce domaine ?

On accorda la parole en dernier lieu à M. Kenneth McFarland, connu comme «le doyen des conférenciers américains». McFarland inspira Jud par sa vision encourageante du système américain de libre entreprise. À un moment donné, McFarland leva les yeux, semblant fixer son regard sur Jud. Pointant l'auditoire de l'index, il dit d'une voix douce : «Venez là et permettez-moi de vous dire quelque chose.» Jud avait presque quitté sa place lorsqu'il se rendit compte que tout l'auditoire était penché vers l'avant.

McFarland déclara ensuite : «Si vous arrivez à vendre et à bien vendre, personne ne pourra jamais vous enlever votre grand avenir. La réussite ne peut s'obtenir que lorsque l'occasion et la préparation se rencontrent. Souvenez-vous-en et vous jouirez d'une vie marquée par de grandes réalisations.»

Occupé à prendre une avalanche de notes, Jud ne fit aucun cas de la crampe des écrivains. Sa curiosité s'était changée en désir passionné de développer pleinement ses dons. Rêvant d'avoir sa propre entreprise florissante, comme c'était le cas de son père, Jud prit conscience de devoir acquérir les compétences et l'expérience nécessaires. Il en vint à réaliser également que ce qui le passionnait au plus haut point, c'était de motiver les gens et de les aider à réussir leur vie. Il était comme une éponge, absorbant les conseils que ces conférenciers prodiguaient.

À la fin de son exposé, McFarland eut droit à une ovation tonitruante. Nouvellement conscient de sa véritable passion, Jud se lança sur-le-champ à la recherche du producteur du séminaire, Dirk Gardner.

En approchant de l'homme en question, il avait le cœur qui battait la chamade, mais à quoi lui servirait-il de tourner autour du pot?

«M. Gardner, lui dit-il, je suis Jud McCarley et j'assiste aux cours de vente de M. Tonning. Dans six semaines, j'aurai terminé mes études avec une majeure en vente à l'Université de Memphis et j'aimerais aller travailler pour vous. Ce séminaire est une des plus grandes expériences que j'ai faites de toute ma vie, et je crois pouvoir vous aider à en persuader d'autres d'assister aux événements que vous organisez.»

Gardner lui répondit: «Eh bien, Jud, je suis ravi de voir que ce que nous faisons vous impressionne. Prenons le petit déjeuner ensemble demain matin.»

***

Jud arriva dix minutes à l'avance à son rendez-vous du lendemain et demanda qu'on l'assoie à une table tranquille. Il vit presque aussitôt approcher Dirk Gardner, qui arborait un large sourire.

«Vous êtes arrivé en avance, lui dit-il en prenant place à table. Vous partez du bon pied.»

En dégustant café et omelette, Jud répondit aux questions de Gardner au sujet de ses antécédents, de ses compétences et de ses croyances. Plus ils discutaient, plus Gardner approfondissait son enquête.

«Comment réagissez-vous au rejet et à l'échec, Jud?» lui demanda-t-il.

«Je me concentre sur la réussite, bien entendu, mais j'imagine que je fais face au rejet assez bien», lui répondit Jud.

«Nous nous fortifions tous dans le creuset de l'adversité, lui affirma Gardner. La plus grande leçon que vous deviez apprendre dans le domaine de la vente consiste à réaliser que les rejets périodiques font partie intégrante du processus de réussite.»

«Qu'entendez-vous par là?» lui demanda Jud.

«Vous aurez beau exceller, reste que vous ferez face à de nombreux échecs. Les plus grands professionnels de la vente sont ceux qui reçoivent un «non» et qui s'empressent de passer immédiatement à l'appel suivant avec une assurance pleine et entière, pour donner une présentation aussi bonne que toutes les autres l'ayant précédée sans se laisser démonter par le refus qu'ils viennent d'essuyer. Les champions de la vente savent que la réussite ne dépend pas du verbiage qu'ils peuvent régurgiter, mais de la quantité de rejets qu'ils sont prêts et aptes à avaler! Vous devez vivre les non pour gagner le droit de vivre les oui.»

«Je n'avais jamais pensé au rejet de cette manière, mais il me tarde de mettre vos conseils en pratique», lui dit Jud.

Gardner lui demanda: «Êtes-vous prêt à vous rendre dans des villes où vous n'êtes jamais allé, où vous ne connaissez âme qui vive, et à vous mettre à y vendre avec enthousiasme?»

«Oui, je le suis», lui répondit Jud.

Pour la toute première fois, Jud ressentit un soupçon de nervosité. Il repensa à son patron du magasin de vêtements, qui prêchait: «Ce qui compte, ce n'est pas ce que tu sais, mais qui tu connais.»

Jud demanda à Gardner ce qu'il pensait de ce concept.

«Il y a longtemps que ce cliché est en circulation, lui répondit Gardner. Qui vous connaissez peut avoir son importance, mais ce qui compte le plus, c'est qui *vous* connaît et ce qu'il ou elle pense de vous: de votre assurance, de votre professionnalisme et de votre foi en ce que vous vendez. »

Jud gribouilla d'autres notes. Il prit conscience que l'apprentissage est quelque chose de cumulatif. De meilleures informations provenant d'une source mieux renseignée venaient remplacer les choses qu'il avait apprises par le passé. Il sourit en terminant de prendre des notes. Dirk Gardner lui donnait assurément des perles. Gardner fit signe au garçon de leur resservir du café.

« Je suis heureux que notre entreprise de séminaires vous enthousiasme et que vous ayez profité de l'événement d'hier, dit-il, mais vous devez également avoir les pieds sur terre. Vous ne sauriez imaginer à quel point il est difficile de remplir une salle comme celle du séminaire.

« Lorsque vous présentez le programme aux gens, poursuivit Gardner, ils évaluent ce que vous avez à leur offrir selon le travail que vous faites ce jour-là, et non selon le travail que nos conférenciers feront plus tard. Ils ne peuvent qu'imaginer à quoi ressemblera la journée en question ; ils n'ont pas la moindre idée de la puissance de l'événement à venir. Votre responsabilité consiste à ne pas le vendre à découvert. Le seul moyen pour eux de profiter de notre séminaire, c'est d'y assister, et c'est à vous que revient la tâche de les en convaincre. Vous devez piquer leur curiosité et susciter en eux le désir de faire partie de l'auditoire. Toujours intéressé ? »

« Oui, monsieur », lui répondit Jud.

« Est-il possible de vous motiver ? »

« Et comment ! » lui lança Jud.

« Possible de vous former ? »

« Absolument ! »

« Jud, cela ressemble-t-il au genre de carrière auquel vous aspirez ? »

Jud lui sourit. « S'il s'agit d'une offre, ma réponse est oui ! »

« Si vous faites ce que je vous dirai de faire, je suis persuadé que vous réussirez. Je suis prêt à vous servir de mentor durant le processus de vente, si vous me promettez de travailler dur et de suivre mes directives. »

En son for intérieur, Jud sut que ce serait plus qu'un simple travail. C'était son avenir qui se déroulait sous ses yeux. Il allait être un fournisseur indépendant à commission. Il connaissait déjà les ficelles du métier. Il allait saisir l'occasion !

CONSEILS MINUTE

☞ Tu seras le même année après année, à l'exception des gens que tu rencontreras et des livres que tu liras.

☞ Tu pourras obtenir tout ce que tu voudras de la vie si tu en aides d'autres à obtenir ce qu'ils veulent.

☞ Sois à l'écoute.

☞ La réussite s'obtient lorsque l'occasion et la préparation se rencontrent.

☞ Ce qui compte, ce n'est pas qui tu connais ; c'est qui *te* connaît et ce qu'il ou elle pense de toi.

☞ Quand tu sens qu'un moment influencera ta destinée, saisis l'occasion.

Prendre du métier

L e nouvel emploi de Jud, promouvoir les ateliers, consistait en un processus de vente en deux étapes. D'abord, il devait communiquer avec les organisations spécialisées dans la vente, parler avec le dirigeant et tenter d'obtenir qu'on lui accorde une présentation d'une demi-heure dans le cadre de la prochaine réunion de vente du dirigeant. Jud allait alors faire un court exposé – un prélude au séminaire percutant qu'ils amenaient en ville – et offrir à ses auditeurs l'occasion de s'y inscrire. Il obtenait une commission en fonction du nombre d'inscriptions au séminaire qu'il arrivait à vendre.

Dirk Gardner n'était pas bête. Il engageait ses nouveaux vendeurs à commission uniquement, si bien que les risques étaient minimes. Il avait assez confiance en son processus de sélection pour s'estimer capable de choisir des gagnants. De plus, comme ses vendeurs devaient exceller ou mourir de faim, il était sûr d'avoir une équipe hautement motivée. Il s'engageait à leur procurer tout ce dont ils avaient besoin pour réussir.

Au cours de ses deux premières semaines, Jud fit une tonne d'appels téléphoniques, mais pour une raison qui lui échappait, ils aboutissaient rarement à une vente. En dépit de son enthousiasme, cette nouvelle carrière ne démarrait pas comme il s'y était attendu. Il découvrait un nouveau genre d'humilité.

Aucun bon mentor ne laisse un nouveau sujet échouer, si bien que Dirk Gardner entreprit avec Jud un processus d'encadrement personnalisé.

«Jud, dit-il, l'humilité dont vous parlez n'est pas une mauvaise chose, mais plutôt une bonne chose. C'est avec humilité que l'on peut admettre ne pas avoir toutes les réponses. C'est l'humilité qui donne envie de se concentrer davantage, et c'est par cette concentration intense qu'on apprend et qu'on grandit.»

«Comment, exactement, me concentrer?» demanda Jud.

«Rappelez-vous que pour chaque oui que vous obtenez, vous devrez probablement subir de huit à dix non. Apprenez à connaître vos chiffres et vos taux de conversion. Si vous prenez soin de vos chiffres, vos chiffres prendront soin de vous. Comme le dit un de mes gourous d'affaires, M. Peter Drucker: «Si vous pouvez le mesurer, vous pouvez le gérer.»

«Merci, lui dit Jud. Ça me donne quelque chose de concret pour aller de l'avant: connaître mes chiffres.»

Il s'agissait d'une des meilleures leçons que Jud allait apprendre. Il s'attaqua à ses chiffres avec détermination. Il savait en tout temps quel était son taux de conversion de prospects en acheteurs. Il chérissait le conseil que son père lui avait donné de saisir chaque occasion qui s'offrait d'apprendre auprès de gens qu'il admirait. Dirk Gardner avait justement gagné son admiration. Fort des idées de Gardner, Jud fit de son mieux pour améliorer le contenu de ses présentations de vente et sa façon de les donner. Il était convaincu que ces deux éléments, ainsi que le calcul des appels, pouvaient déterminer sa réussite et l'aider à démarrer un jour sa propre entreprise.

***

Toutefois, après quatre mois de travail acharné, Jud ne gagnait toujours pas grand argent. Il avait cru au début que, pour réussir dans la vente, il suffisait de se montrer joyeux, gentil et utile. Il découvrait maintenant comment les choses se passaient dans les ligues majeures. Il continua néanmoins de travailler dur avec enthousiasme et concentration, et se mit à faire quelques progrès. Malgré tout, à la fin de l'année, il ne gagnait toujours pas autant que ses copains d'université. Le travail était ardu et les pressions financières semblaient toujours être de la partie. Il se rendit compte qu'il n'était pas si facile de passer de l'étudiant naïf au professionnel de la vente productif.

Lorsqu'il ne resta plus qu'un mois avant que le prochain séminaire d'importance ne se tienne à Philadelphie, Jud sortit la carte professionnelle de Charlie Jones et composa son numéro. Il se demandait si le conférencier en demande se souviendrait même de lui, à plus forte raison s'il prendrait le temps de manger avec lui avant le séminaire.

«Bien sûr que je me souviens de vous, jeune homme! s'exclama Charlie au téléphone. Je suis heureux que vous me donniez des nouvelles de vous. C'est la moitié de la bataille: enfiler le complet et se pointer.»

La veille du séminaire, ils se serrèrent la main dans un restaurant. Sachant combien Charlie était pris, Jud apprécia grandement chaque instant qu'il put passer en sa compagnie. Dès qu'ils furent assis, Jud se mit donc à parler affaires.

«Hé, ralentissez un peu! lui dit Charlie. Nous aurons le temps de parler affaires plus tard. Parlez-moi plutôt de vous.»

Jud fit part à Charlie du déroulement de sa vie, de ses espoirs et de ses rêves concernant la passion qu'il vouait à la motivation des gens, ainsi que de son objectif à court terme: lancer sa propre entreprise de motivation.

Charlie lui répondit: «Jud, vous vous trouvez dans une position enviable, celle d'acquérir simultanément de l'expérience dans la vente et de l'expérience comme conférencier. Vous en apprendrez beaucoup dans ce domaine. Toutes les portes vous sont ouvertes.»

Les paroles de Jones redonnèrent espoir à Jud. En tant que novice dans le monde des affaires, il avait cru tout lui être possible, mais au cours des derniers mois, ce rêve s'était partiellement évanoui. Une suite de rejets avait ébranlé sa confiance. En lui, la foi, l'espoir et l'optimisme se faisaient évincer par la peur, le pessimisme et les doutes par rapport à lui-même.

Charlie déclara : « Je lis les soucis et le doute sur votre visage. Ne vous abandonnez pas au découragement. Devenir un homme d'affaires prospère est un voyage. Et vous venez à peine de le commencer. Rappelez-vous que peu importe le genre d'entreprise que vous souhaitez créer – que ce soit dans la vente ou le service, que vous créiez une entreprise de blanchisserie, un magasin de produits diététiques ou une société d'informatique –, vos craintes s'effaceront à mesure que vous acquerrez la maîtrise des rudiments des affaires. »

Réalisant que Charlie avait raison, Jud prit son courage à deux mains et osa lui poser la question qui lui trottait dans la tête depuis des semaines. « Charlie, accepteriez-vous de devenir mon mentor ? Dirk est mon mentor en matière de compétences de vente, mais j'adorerais connaître vos idées par rapport à une perspective plus large des affaires. Je souhaite vraiment grandir, et vous comptez déjà parmi les gens sur qui je prends exemple. »

Charlie lui décrocha un large sourire. « Vous venez de réussir le premier test. Les mentors n'ont pas pour habitude de se pointer à moins qu'on le leur demande. Et comme je suis déjà au courant de votre souhait, j'imagine que nous devrions formaliser l'arrangement ! »

« Merci, lui dit Jud. J'apprécie votre générosité. »

« C'est ce qu'on appelle "rendre ce qu'on a reçu", lui dit Charlie. Je ne serais pas là où j'en suis rendu aujourd'hui sans mes mentors. Je serai un de vos mentors, Jud, mais il y a quelque chose que vous devriez savoir : je prends la vie à petites bouchées. Nous ne passerons pas beaucoup de temps ensemble, mais j'arrive à communiquer beaucoup d'informations en une seule minute. »

« C'est drôle que vous disiez ça, lui déclara Jud avec le sourire. Mon ancien entraîneur m'a enseigné à prendre une minute ici et là pour mettre l'important par écrit. J'ai maintenant plusieurs calepins bien remplis. Je les appelle mes Conseils minute, parce que la plupart des choses importantes que j'ai apprises y sont notées sous forme de petites phrases, et non de longs discours. »

« C'est formidable ! s'exclama le mentor. Nous sommes donc partis du bon pied. Vous devez maintenant me promettre que je ne vais pas m'attaquer seul à ce projet. J'ai appris il y a longtemps que, pour être un mentor efficace, on doit d'abord avoir un protégé enthousiaste. Vous savez déjà que j'accorde beaucoup d'importance à la lecture. Ce sont les livres que vous lisez et les gens que vous rencontrez qui vous influencent le plus. Je tiens à ce que vous vous engagiez envers moi à devenir avide de lecture. Cela ne veut toutefois pas dire nécessairement que vous deviez lire un grand nombre de livres, mais plutôt que vous lisiez dans le but d'acquérir une compréhension approfondie des choses. J'ai plusieurs mentors littéraires, et vous devriez en avoir aussi. Vous devez vous engager à lire chaque semaine. Marché conclu ? »

« Et comment ! » lui répondit Jud. Comme il adorait lire, ce marché lui fut facile à conclure.

« Je tiens également à ce que vous vous engagiez à prendre le temps de transmettre à d'autres ce que je vous communique. Il est tout aussi important d'aider les autres que de se faire aider, lui dit Charlie. Je peux compter sur vous ? »

« Oui, vous le pouvez », lui dit Jud.

« Bien, lui dit Charlie. Vous profiterez davantage de mon mentorat si vous prenez et vous honorez des engagements comme ceux-là. »

Après avoir discuté quelques minutes de plus au sujet des défis auxquels Jud faisait face dans la vente d'inscriptions au séminaire, Charlie conclut leur discussion par une dernière parole de sagesse.

« Préparez-vous mentalement à chacune de vos rencontres avec un groupe de clients. Donnez le meilleur de vous-même chaque fois. Vous êtes en scène, alors agissez en tant que tel ! Si vous investissez énergie et conviction dans votre présentation, votre message s'améliorera continuellement dans l'ensemble. Tout grand vendeur se donne corps et âme à chacun de ses efforts ! »

Jud repensa à tous les rejets qu'il avait dû essuyer dans les derniers temps. « Comment se prépare-t-on mentalement ? » demanda-t-il.

« Excellente question, lui répondit Charlie. Lorsque je travaillais à temps plein dans la vente, je m'imaginais en train de conclure la vente : je visualisais mes clients en train d'arborer un grand sourire tandis que nous nous serrions la main après la signature du contrat. Maintenant que je travaille surtout comme conférencier, je m'adonne à une pratique similaire. J'imagine l'auditoire en train de se lever dès la fin de mon exposé pour me faire une ovation et m'applaudir avec ferveur.

« On a fait beaucoup de recherches au sujet des athlètes olympiques, poursuivit Charlie. Ceux qui ont tendance à gagner sont ceux qui, avant la course, s'imaginent franchissant la ligne d'arrivée bon premier. »

« Quel merveilleux concept ! » s'exclama Jud, qui sourit en réalisant que Charlie allait être effectivement un mentor formidable.

CONSEILS MINUTE

☞ L'humilité t'aidera à t'ouvrir à l'apprentissage et à la croissance dans ton domaine de compétence.

☞ Prends soin de tes chiffres et tes chiffres prendront soin de toi.

☞ Pour monter une affaire florissante, tu dois d'abord acquérir la maîtrise des rudiments du métier.

☞ Pour avoir un mentor efficace, tu dois être un protégé enthousiaste et engagé.

☞ Visualise toujours à l'avance le résultat que tu souhaites obtenir.

☞ Dans la vente et dans tout autre domaine, tu es continuellement en scène, alors agis en conséquence.

Attraper le virus de l'entrepreneuriat

A près avoir passé trois ans au National Sales Forum, Jud se sentait comme un cheval de course qui ruait dans la porte de sa stalle. Il avait envie de sortir sur la piste et de courir. Il avait acquis une compétence vitale : comment vendre. Il faisant bien son travail et gagnait assez bien sa vie. Jud était toutefois ambitieux ; il en voulait plus. Il se sentait poussé à démarrer sa propre entreprise. Il aimait son patron et il appréciait ce que Dirk avait fait pour lui, mais il voyait bien que de travailler pour lui indéfiniment l'empêcherait d'avancer. Quoi qu'il en soit, il craignait d'échouer dans sa tentative. Il savait que des dizaines de milliers d'entrepreneurs avant lui, y compris Dirk, avaient fait face aux mêmes doutes et avaient foncé. Toutefois, Jud n'était pas certain de savoir assez bien prendre des risques.

Il téléphona donc à Charlie pour lui demander son avis.

« Vous ne pourrez éviter de devenir travailleur autonome, lui dit Charlie. Il y a des années que vous en rêvez. Tout est de savoir quel genre d'affaire vous allez monter. Sheldon Bowles, un merveilleux entrepreneur et auteur, dit que lorsqu'on veut démarrer une entreprise on doit se livrer à sa passion. C'est ce que Sheldon appelle le test de la joie. Qu'aimez-vous faire le plus ? Si vous tentez de devenir entrepreneur simplement pour gagner de l'argent et non pour apaiser le feu qui vous consume, vous échouerez. Si vous n'aimez pas ce que vous faites, vous n'y consacrerez jamais le temps nécessaire pour vous hisser parmi les meilleurs.

«Jud, continua Charlie, que faites-vous au National Sales Forum qui vous plaît vraiment?»

«Ce que j'aime faire, c'est motiver les gens, lui répondit Jud. Et j'y arrive par la parole. Techniquement, je suis un vendeur. Cependant, je crois que ma capacité de m'exprimer est mon meilleur atout de vente, parce que c'est ce que j'aime le plus faire. Quand je me retrouve face à face avec un client pour lui présenter notre programme, j'arrive généralement à conclure une vente. Les gens disent que je communique bien. J'ai eu l'occasion de donner quelques discours en dehors de mon travail. Je donne un exposé intitulé « Alors, vous voulez vendre quelque chose?» C'est un survol de tout ce que j'ai appris au sujet de la vente auprès de Dirk et en travaillant au National Sales Forum. Mais ce qui me plaît le plus dans tout ça, c'est que ce n'est pas uniquement de la vente. Il s'agit de motivation des autres, y compris de motivation de soi-même, et c'est quelque chose qui enthousiasme les gens.»

«Comment vous sentez-vous lorsque vous vous tenez devant un groupe?»

«Plein d'énergie! Je dois faire gaffe, parce que je perds la notion du temps, j'aime tellement ça. C'est pourquoi je caresse le rêve de démarrer ma propre société de conférences, aussi fou que cela puisse paraître.»

«Je ne crois pas que vous soyez fou, Jud. Toute entreprise commence avec un rêve. Plus le rêve est grand, plus son potentiel l'est aussi. C'est pour cela que je me suis fait conférencier. Je veux venir en aide aux gens, et je préférerais vendre mes propres qualités plutôt que celles de quelqu'un d'autre ou d'un produit quelconque.»

Voilà tout ce que Jud avait besoin d'entendre. «Jud McCarley et Associés», dit-il avec fierté.

Charlie éclata de rire. «Permettez-moi de vous donner un autre conseil. Ne donnez pas votre démission à Dirk avant d'avoir à votre actif un certain succès en tant que conférencier. Cela m'amène à mentionner une deuxième chose que j'ai apprise auprès de Sheldon. Vous devez trouver des gens qui seront prêts à vous rémunérer pour votre passion. Sheldon appelait ça le test du dessein. Il faudra qu'un jour le fait de gagner de l'argent devienne plus important pour vous que celui de vous amuser. C'est alors que vous devrez vous demander : Y a-t-il des gens qui seraient prêts à me rémunérer pour que je fasse ce qui me plaît tant ? Il se peut qu'il vous faille un certain temps pour rédiger quelques discours inspirants avant que des gens soient prêts à payer pour les entendre et pour en tirer des leçons. Si personne n'est disposé à vous payer pour que vous exprimiez vos idées, vous n'aurez qu'un passe-temps, et non une carrière. Je chante à tue-tête sous la douche, mais Gloria et moi vivrions dans les quartiers mal famés si je tentais de gagner ma vie comme chanteur. »

« Que suggérez-vous que je fasse maintenant ? » lui demanda Jud.

« Premièrement, joignez-vous au Club de Toastmasters. Je suis sûr qu'il y a une section dans votre région. Les membres de ce club se réunissent pour prendre le petit déjeuner et donner à chaque membre l'occasion de faire de brefs discours qui sont évalués par l'auditoire. C'est un groupe formidable, et vous en apprendrez beaucoup en le fréquentant.

« Deuxièmement, voyez si vous pouvez obtenir un congé la deuxième semaine du mois prochain. Le cas échéant, je vous amènerai au congrès de la National Speakers Association. Vous y serez mon invité. Ses membres aiment les gens qui aspirent à travailler dans leur domaine. Vous pourrez entrer en contact avec quelques merveilleux conférenciers provenant des quatre coins du pays. »

CONSEILS MINUTE

☞ L'ambition est ce qui peut donner jour à des événements susceptibles de changer le cours d'une vie.

☞ Détermine ce qui te passionne. Cherche des moyens de t'y adonner davantage.

☞ N'aie pas peur de rêver en grand.

☞ Ne quitte pas ton emploi avant d'avoir obtenu un certain succès ailleurs.

☞ Si personne n'est prêt à te payer pour que tu fasses ce qui te passionne, tu auras un passe-temps, et non une carrière.

Gagner un coéquipier
indispensable

L e mois suivant, Jud s'envola pour Orlando, où il alla rejoindre Charlie Jones afin d'assister avec lui à l'assemblée annuelle de la National Speakers Association. À son arrivée au palais des congrès, les lieux frémissaient d'énergie. Jud sentit son pouls s'accélérer en reconnaissant certains auteurs et conférenciers célèbres qu'il admirait depuis des années : Denis Waitley, Brian Tracy, Stephen Covey, Harvey Mackay et Patrick Lencioni.

Il parcourut les salles de conférence du regard et finit par repérer Charlie, occupé à s'entretenir avec une jolie jeune femme portant un superbe tailleur.

« Jud, lui lança Charlie en souriant de toutes ses dents, j'aimerais vous présenter Terri Aviotti, qui est directrice de la formation chez Crandall Industries et une excellente conférencière indépendante. »

« Bonjour, lui dit Terri, en lui tendant la main. Heureuse de vous rencontrer, Jud. » Les yeux bleus et brillants d'intelligence de Terri semblèrent lire en Jud, et son sourire lui fit fondre le cœur.

« Tout le plaisir est pour moi », lui répondit Jud, en lui serrant la main. Il se sentit immédiatement attiré par Terri et dut se rappeler qu'il devait se concentrer sur la raison de sa présence : monter sa propre affaire dans le domaine des conférences. Il n'était certainement pas en position pour se lancer dans une relation. Sa carrière était l'amour de sa vie. Un engagement romantique n'aurait d'autre effet que de le freiner. Toute son attention était dirigée vers l'acquisition de nouvelles compétences et la création de son affaire, et il avait bien l'intention de s'en tenir à cela.

Reste que de toutes les personnes avec qui Jud entra en contact au congrès, c'est Terri qui capta réellement son attention. Il n'y avait pas que ses yeux ; elle avait également une présence merveilleuse. Et il se plaisait énormément à discuter avec elle. En passant plus de temps avec elle durant le congrès, il en vint à réaliser qu'elle comptait parmi les gens les plus intelligents et les plus dynamiques qu'il avait pu rencontrer dans sa vie, aussi attirante intérieurement qu'extérieurement. Le dernier jour du congrès, ils échangèrent leurs cartes professionnelles.

Deux semaines plus tard, ils se retrouvèrent à Atlanta, où le siège social de Crandall Industries était situé. La société de Terri était constamment à la recherche de bons conférenciers spécialisés en motivation, et Terri souhaitait s'entretenir avec Jud au sujet de ce que le National Sales Forum et lui avaient peut-être à offrir. Au cours de leur déjeuner d'affaires, Jud découvrit que Terri et lui admiraient plusieurs des mêmes personnes qu'ils cherchaient à imiter et avaient en communs bon nombre de valeurs. En fait, ils éclatèrent de rire en découvrant tous deux que c'était leurs grands-mères qui avaient insisté sur l'importance de l'honnêteté et de l'intégrité. Leur déjeuner d'affaires et leur réunion en après-midi se poursuivirent jusque durant le dîner. En quittant Terri à la fin de cette journée, il se creusait la tête pour trouver le moyen de la revoir. Il s'efforça de se la sortir de l'esprit, mais sans jamais y parvenir bien longtemps avant de se remettre à envisager leur prochaine rencontre.

Ils se mirent à se voir aussi souvent que leurs emplois du temps chargés le leur permettaient. Cela finit par devenir difficile pour lui de justifier ses visites hebdomadaires à Atlanta pour soutenir leur relation. Chaque fois que Terri et lui se parlaient au téléphone, Jud détestait avoir à raccrocher.

Un jour, Charlie téléphona à Jud et l'accula au pied du mur.

« Quand allez-vous vous décider à traiter avec sérieux la merveilleuse femme que je vous ai présentée ? » lui demanda-t-il.

« J'adore Terri, lui dit Jud, mais le mariage est un grand pas à faire. Comment savoir si je fais le bon choix ? »

« Permettez-moi de vous donner un conseil que j'ai reçu de mon oncle quand j'avais quinze ans, lui dit Charlie. Nous étions sur le lac en train de pêcher la perche. Mon oncle m'a dit qu'il n'y avait rien de répréhensible dans le fait de tomber amoureux de l'apparence et de la personnalité, mais qu'il fallait épouser le caractère. Il m'a dit de choisir une "coureuse de fond", et non une "coureuse de vitesse". Cela vous aide-t-il à clarifier votre pensée ? »

« Oui, lui répondit Jud, ça m'aide. Terri a tout, surtout bon caractère. L'honnêteté et l'intégrité sont des valeurs clés pour elle. Elle accorde de l'importance à la famille de même qu'au travail qui fait une différence dans la vie des gens. La patience et la loyauté viennent également en tête de liste chez elle. Je crois qu'il s'agit d'une coureuse de fond. »

Finalement, l'amour surmonta toutes les craintes que Jud put avoir par rapport à la possibilité qu'une relation nuise à la réalisation de ses rêves. Durant le temps des Fêtes suivant, Jud et Terri passèrent du temps ensemble à la maison de Gloria et Charlie Jones, réunis autour du piano à chanter des chants de Noël en compagnie d'amis intimes. En rentrant à la maison, le cœur rempli d'amour et dans l'esprit de Noël, Jud demanda Terri en mariage. Six mois plus tard, ils se mariaient et commençaient leur vie de couple à Memphis, la ville natale de Jud.

Jud avait toujours pensé qu'il serait seul lorsqu'il traverserait le plafond de verre de sa vie en tant qu'entrepreneur prospère. Terri avait elle aussi planifié de contribuer de travailler à sa carrière en tant que directrice de la formation. Cependant, tout cela changea lorsque, peu de temps après qu'ils eurent échangé leurs vœux de mariage, de bons amis leur suggérèrent d'assister à un atelier pour couples appelé Marriage Encounter®. Il s'agissait d'un week-end intensif au cours duquel des gens mariés découvraient un merveilleux moyen de communication.

On leur demanda d'écrire des lettres portant sur divers sujets, qui commençaient par les mots « Ce qui me plaît vraiment chez toi, c'est... » et de terminer le week-end en rédigeant une épître intitulée « Pourquoi je choisis de passer le reste de ma vie avec toi ». Une fois que tous deux avaient terminé de rédiger une lettre, on leur demandait de se les échanger en se serrant dans les bras l'un de l'autre. Si bien que Terri lisait la lettre de Jud, et Jud lisait celle de Terri. Lorsqu'ils avaient terminé de prendre connaissance des pensées l'un de l'autre, ils devaient décider qui allait commencer. Par exemple, dans le cas de la lettre dans laquelle ils disaient ce qui leur plaisait l'un chez l'autre, si c'était Terri qui commençait, elle devait dire à Jud toutes les choses qu'il avait dites qui lui plaisaient chez elle jusqu'à ce qu'il confirme que c'était bien ce qu'il avait dit. Ensuite, c'était à lui de dire à Terri ce qui lui plaisait vraiment en lui jusqu'à ce qu'elle confirme ses propos. Ils furent impressionnés de voir combien cela les aidait à se prêter l'un à l'autre une oreille attentive.

Bien que la stratégie que Jud et Terri acquirent au cours de ce week-end s'avéra utile, ce qui les influença le plus fut une discussion au sujet des « célibataires mariés ». Il s'agit de gens qui prennent leurs repas ensemble et qui dorment ensemble, mais qui vivent des vies séparées et inconciliables. Les animateurs de Marriage Encounter disaient que les couples sains passaient au moins 30 p. cent de leur temps de veille à faire des choses ensemble. Ils disaient aussi :

« Pourquoi l'un servirait-il d'entraîneur sportif dans la Ligue mineure sans l'autre ? Lorsque vous faites des choses ensemble, vous avez l'occasion de puiser dans les forces de l'autre et votre relation s'en trouve enrichie. »

Convaincus du bien-fondé de ce conseil, Jud et Terri décidèrent qu'au lieu de se bâtir des carrières différentes, ils allaient un jour créer conjointement une société de conférences. Ils allaient faire équipe ensemble.

CONSEILS MINUTE

- En chemin vers l'entrepreneuriat, peu de gens entreront dans ta vie sans raison.

- Devenir un entrepreneur prospère et te marier ne sont pas mutuellement exclusifs.

- Lorsqu'il s'agit de trouver une ou un partenaire de vie, le caractère et les valeurs supplantent la personnalité et l'apparence.

- Pour bâtir un mariage solide, surtout si tu es entrepreneur, veille à passer du temps avec ta conjointe en dehors de la table et du lit.

- Toi et ta conjointe ou ton conjoint formez une équipe. Agis en conséquence.

Une porte s'ouvre

Bien que Jud et Terri aient rêvé de créer une société de conférences qui serait connue dans le monde entier, la réalité des débuts de leur vie professionnelle commune fut bien différente de la vision qu'ils en avaient eue. Des raisons financières gardèrent Jud au National Sales Forum, alors que Terri dut saisir une autre occasion qui se présentait à elle dans le service de la formation d'une entreprise située près de chez elle. Il devint apparent que, pour démarrer leur propre entreprise, ils auraient besoin d'un coup de chance.

Une porte s'ouvrit un automne lorsque Jud et Terri furent invités à participer au congrès d'une semaine de l'Entrepreneurs' Organization, EO, devant se tenir à San Francisco. Un des organisateurs de l'événement, Red O'Rourke, avait entendu Jud parler lors d'une réunion de la National Speakers Association. Le charisme empreint de jeunesse de Jud l'avait impressionné à tel point qu'il l'avait invité à prendre la parole pendant l'événement de l'EO à San Francisco. Jud était entre deux séminaires au National Sales Forum, ce qui lui permit de prendre toute une semaine de congé.

Jud eut l'intuition qu'il s'agissait peut-être de l'occasion qu'il avait prié Dieu de lui accorder. Il devait compter parmi les quarante conférenciers qui allaient s'adresser à environ six cents personnes de l'Entrepreneurs' Organization. Parmi ces membres de faculté, il y avait Wayne Dyer, Jim Collins, Jim Rohn, Tom Peters et d'autres sommités. Jud arrivait à peine à y croire. Il avait rêvé d'obtenir leurs autographes, mais il n'avait jamais osé espérer qu'il prendrait un jour la parole à leurs côtés.

Lorsque Jud indiqua à Red O'Rourke que sa femme était elle aussi conférencière, Red demanda à la voir sur vidéocassette prenant la parole devant un groupe. Après avoir vu Terri en action, Red lui demanda immédiatement de faire un exposé sur l'équilibre, sa spécialité, dans le volet ayant pour thème le style de vie.

Le premier jour du congrès, Jud était prêt. Il investit toutes ses années de préparation dans son discours de motivation peaufiné «Alors, vous voulez vendre quelque chose?» et environ deux cents sur mille deux cents congressistes s'y pointèrent. Les membres de l'EO et leurs conjoints avaient le choix entre trois ou quatre séances données simultanément. Lorsque Jud termina sa séance, il obtint l'ovation qu'il avait visualisée auparavant. L'auditoire raffola de son exposé et sortit de la salle en parlant avec ferveur du nouveau conférencier dynamique. Jud fut renversé de la réaction qu'il avait obtenue de son auditoire.

«Pourquoi aurait-il dû en être autrement? lui lança Terri en le serrant dans ses bras. Ça ne s'est pas produit par magie. Regarde tous les petits déjeuners de Toastmasters auxquels tu as assisté, et tous les conseils que tu as obtenus là-bas, en plus du soutien que t'ont apporté tes nouveaux copains de la National Speakers Association. Sans mentionner les centaines de présentations que tu as données à de petits groupes pour faire la promotion des séminaires.»

«Tu dois avoir raison, chérie. J'ai effectivement investi beaucoup d'heures dans la création de discours exaltants.»

Terri lui dit avec le sourire: «Charlie serait fier de toi.»

Le deuxième jour, Terri donna sa séance intitulée «Stratégies pour donner un équilibre à une vie compliquée» et suscita également une vive admiration chez les entrepreneurs et leurs conjoints y ayant assisté.

Jud en félicita Terri et la serra dans ses bras, en lui lançant : « Bravo ! »

Le troisième jour, Jud donna un exposé portant sur le leadership. Cette fois-ci, environ huit cents personnes y assistèrent. Le vendredi – le dernier jour du congrès –, Jud donna une autre séance portant sur les stratégies de gestion du changement et presque tous les congressistes y assistèrent.

À la fin du congrès, Red O'Rourke lui dit : « Eh bien, Jud, vous avez remporté la palme d'or. C'est vous qui avez été le conférencier le plus couru et Terri a fait un malheur elle aussi. Qu'allez-vous faire maintenant tous les deux ? »

Jud lui répondit : « Terri et moi devons retourner chacun à nos emplois respectifs. »

Red lui dit : « Vous êtes fous. Il faut battre le fer pendant qu'il est chaud ! Je me suis entretenu avec quelques-uns des membres de l'EO ici. Nous pensons que vous êtes tous deux fin prêts à démarrer votre société de conférences et de formation. »

Jud sourit. « C'est certainement notre rêve. Nous espérons avoir un jour notre propre société de conférences, mais nous ne voyons pas actuellement comment cela nous serait possible. Nous avons déjà assez de difficulté à joindre les deux bouts. Comment arriverions-nous à exploiter une société ? »

« Ne jetez pas votre rêve aux orties, lui dit Red. Je crois que vous avez tous deux la détermination et le cran nécessaires pour voler de vos propres ailes. »

***

Lorsque Jud raconta à Terri la conversation qu'il avait eue avec Red, ils se sentirent tous deux partagés, mais aussi enthousiasmés. Ils souhaitaient avoir leur propre affaire, mais ils redoutaient de se jeter à l'eau.

« Il se pourrait que de démarrer notre propre entreprise dès maintenant favorise notre destinée, ou notre ruine ! dit

Jud. Je crains seulement que, si on se lance et qu'on échoue, on donne raison à tous les gens qui s'y opposent. »

Lui faisant un signe de la tête, Terri affirma : « On est vraiment à la croisée des chemins. »

Soudain, Jud se rappela le jour où, plusieurs années auparavant, sa grand-mère lui avait dit dans la cuisine combien il était important de réfléchir à fond avant de prendre ce genre de décision. Il savait qu'ils avaient un choix à faire, et que la décision qu'ils prendraient à ce sujet influencerait leur vie pendant des années. Il caressait le rêve de démarrer sa propre entreprise depuis longtemps. Par contre, Terri et lui y arriveraient-ils ? Avaient-ils suffisamment d'expérience ? Jamais il n'avait eu plus besoin de son mentor.

Ce soir-là, Jud téléphona à Charlie Jones.

« Quoi de neuf, Jud ? » lui demanda Charlie.

« Terri et moi sommes actuellement à San Francisco dans le cadre d'un congrès de l'EO. Il semblerait que nos présentations aient été assez bonnes pour qu'un groupe de gens d'affaires influents nous encourage à démarrer notre propre société de conférences et de formation dès maintenant. »

« Alors, vous avez tous deux fait fureur ? » lui demanda Charlie.

« J'ai donné trois exposés et le nombre de mes auditeurs s'est accru chaque fois. La dernière fois que j'ai pris la parole, je me suis retrouvé avec presque tous les congressistes dans ma salle. Terri a donné son exposé spécial sur l'équilibre et a emballé tout le monde. À en croire ces gens, on n'a pas vu mieux depuis l'invention du fil à couper le beurre. »

« Alors, ils vous jugent prêts à démarrer votre propre entreprise ? »

« Oui. Plusieurs présidents d'entreprises nous ont offert de nous fournir de nombreuses occasions de prendre la parole en public au cours de la ou des années à venir. Que devons-nous faire, Charlie ? »

« J'en suis très heureux pour vous, Jud, lui dit Charlie. Si vous êtes réellement prêts à démarrer votre propre entreprise, vous devez savoir ce que ça prend pour devenir un entrepreneur prospère. Je vous recommande de communiquer avec un de mes amis, Harris Palmer. Il s'agit d'un entrepreneur australien qui en a oublié plus que la plupart des gens n'en savent au sujet du démarrage d'une entreprise. Il m'est certainement venu en aide. »

**

Le lendemain matin, Jud composa le numéro que Charlie lui avait donné pour joindre Harris Palmer. Il fut étonné de l'avoir immédiatement au bout du fil.

« Si vous êtes un ami de Charlie, vous ne pouvez pas être quelqu'un de trop mauvais. En quoi puis-je vous être utile ? » lui demanda Harris avec son fort accent du terroir australien.

« Je souhaite démarrer ma propre entreprise, et Charlie m'a dit que vous sauriez le faire même en dormant. Auriez-vous des pistes à me fournir ? »

« Cette conversation sera brève, lui dit Harris, car il n'y a que quatre choses dont se rappeler pour connaître la réussite en tant qu'entrepreneur.

« Premièrement, au bout du compte, vos ventes doivent excéder vos dépenses. Beaucoup de gens, lorsqu'ils démarrent une entreprise, souhaitent avoir du papier à lettres de luxe, des cartes professionnelles stylées et un beau bureau, même s'ils n'ont aucun client. Ils courent ainsi au désastre.

« Deuxièmement, recouvrez vos créances. Il y a tellement de gens qui font faillite sans réclamer ce que d'autres leur doivent. Montrez-vous raisonnable, mais ne servez pas de banquier à vos clients.

« Troisièmement, prenez soin de vos clients. Ce sont eux qui paient vos factures et qui émettent vos chèques. N'oubliez pas que vous travaillez pour eux.

« Quatrièmement, prenez soin de vos effectifs. Je suis renversé de voir le nombre d'entrepreneurs qui abusent des gens qui travaillent pour eux et qui s'attendent malgré tout à ce que ceux-ci prennent soin de leurs clients. Tandis que vous bâtirez votre entreprise, vos effectifs ne seront pas la carte maîtresse de votre entreprise. Ils seront votre entreprise. Lorsque vous fermerez les portes en fin de journée et que vos effectifs rentreront chez eux, votre entreprise partira avec eux. »

Jud prenait des notes comme un forcené tandis que Harris lui parlait.

« Ça alors ! dit-il. Charlie disait vrai à votre sujet. Quels merveilleux conseils vous me donnez là pour démarrer une entreprise. Merci ! »

Peu après que cette conversation avec Harris eut lieu, Jud et Terri se lancèrent dans la réalisation de leur rêve et se mirent à élaborer le plan de création de leur nouvelle entreprise, la JTA (Jud, Terri et Associés). Ils décidèrent de faire les choses le plus simplement possible. Une fois que l'argent commencerait à rentrer, tout cela allait se mettre en place de lui-même.

Ils débordaient d'énergie, mais ils avaient également des craintes. Ils pesèrent ensemble le pour et le contre pendant des heures. La réalisation d'un rêve qu'ils partageaient avec passion faisait pencher la balance du côté des avantages et le risque de perdre la petite sécurité financière acquise faisait pencher la balance du côté des désavantages. Renoncer à deux payes, c'était risqué.

Heureusement, leur optimisme eut le dessus sur leurs craintes. Ils téléphonèrent à Charlie, en mettant le haut-parleur, pour lui raconter ensemble la conversation que Jud avait eue avec Harris et lui dire combien ils étaient enthousiastes à l'idée de démarrer leur nouvelle entreprise.

«Harris s'est montré génial, lui dit Jud. Nous avons retourné la question dans tous les sens et nous avons finalement décidé que nous étions prêts à nous lancer!»

«Nous sommes maintenant totalement engagés et nous ne reviendrons pas en arrière, ajouta Terri avec ferveur. Qu'en dites-vous, Charlie?»

Ils obtinrent un silence en guise de réponse. Puis, Charlie s'exclama: «Mettez les moteurs en marche... c'est l'heure du décollage!»

CONSEILS MINUTE

- Trop de gens n'osent pas rêver en grand. N'oublie pas que tu n'en accompliras jamais plus que ce dont tu te crois capable. Alors, crée-toi un grand rêve.

- Lorsque l'occasion se présente à toi, saisis-la.

- Ne sois pas un banquier pour tes clients. Il est primordial que tu exiges le paiement de ce qui t'est dû dans les délais prescrits.

- Tes clients sont le sang de ton entreprise, ce sont eux qui paient tes factures.

- Prends soin de tes effectifs. C'est par eux que tout se réalise. Sans eux, tu n'as pas d'entreprise.

Démarrer l'entreprise

Jud redoutait de donner sa démission. Autant il avait voulu goûter à la liberté, reste que Dirk était devenu comme un père pour lui. Sans les encouragements de Dirk, Jud n'aurait jamais découvert sa passion.

Toutes les craintes que lui avait inspirées la réaction anticipée de Dirk s'évanouirent toutefois lorsque Jud vit son ancien patron se lever en un éclair, contourner son bureau en moins de deux et s'empresser de venir le serrer dans ses bras.

«Charlie m'a dit que la chose était inévitable, surtout lorsque tu t'es uni à une coéquipière indispensable comme Terri», lui déclara Dirk.

C'est alors que Dirk fit l'inimaginable. Il retourna à son bureau, sortit son chéquier d'un des tiroirs du bas et émit un chèque à l'ordre de Jud pour la somme de cinq mille dollars. «Peut-être que Terri et toi pourrez mettre ceci à profit pour démarrer votre entreprise, lui dit Dirk avec le sourire. Je ne te dirai jamais assez combien j'apprécie tout ce que tu as fait pour moi et le National Sales Forum.»

Jud en resta bouche bée. Il eut alors une pensée pour un de ses bons amis, à qui on n'avait accordé que vingt minutes pour vider son bureau après qu'il eût donné sa démission. Les yeux emplis de larmes, il déclara à Dirk: «Je suis tellement béni d'avoir un mentor et un ami aussi merveilleux que toi. Comment te remercier?»

«Le meilleur moyen de me remercier consiste pour vous deux à réussir et à devenir parmi les meilleurs conférenciers du pays», lui répondit Dirk, en le serrant de nouveau dans ses bras.

«Nous allons certainement y donner le meilleur de nous-mêmes, s'engagea Jud en lui souriant. Des conseils de dernière minute?»

«Ne demande jamais à un inconditionnel du mentorat qu'il te donne des conseils à moins de vouloir en recevoir, lui dit Dirk avec l'œil brillant. Deux pensées: Prends garde à ton ego. Si tu reçois trop d'ovations et que les gens sont toujours pendus à tes lèvres, tu risques de te mettre à t'enfler la tête. Un jour, nous avons engagé un conférencier qui était formidable sur la tribune, mais dont l'ego était si énorme qu'il était impossible de travailler avec lui. Nous avions prévu de lui faire prendre la parole dans le cadre de douze séminaires, mais nous y avons renoncé après le premier. Donc, montre-toi compétent, mais humble également.»

«Et ton second conseil?» lui demanda Jud.

«Il se peut que tu aies fait le même exposé plusieurs fois déjà, mais livre-le chaque fois avec la même passion et le même enthousiasme que la première fois, lui répondit Dirk. Il se peut que tu maîtrises bien ton sujet, mais que ce ne soit pas le cas de ton auditoire. Si tu ne touches la vie que d'une seule personne, il se peut que cela explique ta présence sur les lieux.»

Jud avait du mal à en croire ses oreilles. Non seulement Dirk n'était pas en colère, mais aussi il usait envers lui d'une générosité inimaginable et était toujours disposé à lui prodiguer de bons conseils.

***

Ce soir-là, Jud et Terri signèrent les documents d'incorporation de la JTA. Tandis que l'encre séchait, Jud prit la main de Terri dans la sienne. «Dès l'instant où tu es entrée dans ma vie, lui dit-il, tu as contribué à la réalisation de mes rêves. C'est ici ce que j'ai toujours voulu, ma chérie:

ma propre entreprise. Le fait que nous y travaillerons ensemble me comble de bonheur. »

Elle lui serra la main et l'éblouit de son sourire. « Le mérite ne me revient pas. Si tu n'avais pas caressé ce rêve, nous ne le réaliserions pas aujourd'hui. »

Sur ce, la JTA naquit.

Jud téléphona à Red O'Rourke pour l'informer de la décision qu'ils venaient de prendre. Red lui dit alors : « J'en suis ravi pour vous deux. Si vous avez besoin de quoi que ce soit, faites-le-moi savoir. »

***

La première décision que Jud et Terri durent prendre au sujet de la JTA consistait à déterminer qui allait jouer quel rôle dans la direction de l'entreprise. Ils se disaient que les forces de Jud se remarquaient surtout par rapport à son leadership visionnaire et stratégique. Il était déterminé et capable de rêver en grand. Pour ce qui est de Terri, ses forces se remarquaient surtout par rapport à l'exploitation d'une entreprise. D'une grande débrouillardise, elle excellait dans les domaines de l'organisation et de la gestion des gens. Pour ces raisons, Jud devint le président du conseil de la JTA et Terri en devint le PDG.

Au commencement, Jud et Terri exploitèrent la JTA à partir de leur maison. C'était une vraie petite entreprise familiale. Ils rangeaient les fournitures de bureau dans les armoires de leur vestibule, et ils emmagasinaient et postaient la documentation relative à leurs exposés dans leur garage. Kinko's (chaîne de reprographie américaine) était leur seul bureau.

Comme ils le leur avaient promis, leurs amis de l'EO contribuèrent à garder Jud et Terri occupés. Ils les réservèrent même pour le congrès suivant de l'EO, qui allait se tenir à Melbourne, en Australie, au cours de l'automne. Jud et Terri se sentirent honorés et bénis par leur soutien.

Toutefois, bien que le soutien de l'EO se soit avéré utile, il ne suffisait pas. Jud et Terri durent travailler d'arrache-pied pour obtenir d'autres engagements de conférence. À mesure que la nouvelle de leur grande compétence se répandit, les gens découvrirent leur entreprise.

Au bout d'environ six mois, la JTA fut assez rentable pour permettre à Jud et à Terri de louer un bureau à l'extérieur de la maison. Ils avaient tout juste assez d'espace pour occuper deux petites aires de travail. Ils engagèrent une personne chargée de cumuler les fonctions de chef de bureau et de secrétaire, si bien qu'il ne resta plus à Jud et à Terri qu'un espace de travail minuscule à se partager.

Jud et Terri se remémorèrent souvent le conseil que Jud avait reçu de la part de Harris Palmer. Ils firent l'impossible pour que leurs ventes excèdent toujours leurs dépenses. Linda, leur chef de bureau et secrétaire, travaillait avec zèle à recouvrer leurs créances et veillait à ce qu'ils se fassent rémunérer pour leur travail.

Lorsque Jud et Terri devaient occasionnellement prendre tous deux la parole dans le cadre des mêmes programmes, comme au cours des événements de l'EO, ils partaient souvent dans des directions différentes. Ils se faisaient parfois l'effet d'être des navires se croisant dans la nuit. Quelques décisions vinrent changer cela.

Premièrement, Jud et Terri en vinrent à réaliser que, si le seul moyen pour eux de gagner de l'argent consistait à parler en personne, leur revenu serait limité par le nombre d'événements auxquels il leur était possible de participer. De plus, leurs corps allaient finir par ne plus tenir le coup. Ils finirent donc par se doter d'une nouvelle vision : ils souhaitaient gagner de l'argent durant leur sommeil. Ils imaginèrent à quoi cela ressemblerait si des chèques leur parvenaient par la poste pendant qu'ils se reposaient. Ils décidèrent donc d'élargir les horizons de leur entreprise, et ils téléphonèrent à Charlie pour solliciter des idées.

«C'est une excellente idée que celle d'élargir lentement les horizons de votre entreprise, leur dit Charlie. Quand il s'agit de gagner de l'argent, il y a une troisième chose que Sheldon Bowles m'a enseignée. Il faut tabler sur sa passion. Il appelait ça le test de la créativité. Comment arriver à se créer de nouvelles façons d'accroître son revenu à partir de sa passion? Rappelez-vous toujours que votre revenu constitue vos ventes moins vos dépenses. Malheureusement, quand il s'agit d'accroître leur revenu, la plupart des gens concentrent toute leur attention sur la réduction des coûts.»

«N'est-il pas important de gérer ses coûts?» lui demanda Terri.

«Absolument, lui répondit Charlie. Mais bien que la gestion des coûts ait son importance, elle risque d'engendrer une énergie négative.»

«C'est bien vrai», lui dit Jud.

«Pour contrer ça, poursuivit Charlie, vous devez investir une énergie positive dans la création de nouvelles façons d'accroître votre revenu qui vous permettront d'exploiter davantage ce qui vous passionne déjà et ce en quoi vous excellez déjà.»

Pour pousser leur entreprise hors du nid, afin qu'elle prenne son envol, Jud et Terri savaient qu'ils allaient avoir besoin d'aide. Jud téléphona à Red O'Rourke pour lui faire savoir ce qu'ils avaient l'intention de faire. Red accepta de mettre sur pied un conseil consultatif chargé d'aider la JTA à traverser l'étape de développement à laquelle Jud et Terri faisaient face.

Il recruta trois autres membres de l'EO pour qu'ils se joignent à lui dans le cadre du nouveau conseil consultatif.

Chacun d'eux avait un domaine de compétence particulier dont faire profiter la nouvelle entreprise : Juan Escobar se passionnait pour la finance ; Lou Stafford, pour le service à la clientèle ; et Nancy Kaline, pour le développement personnel. Ce serait Red qui allait convoquer les réunions et servir de personne-ressource au conseil. Ils acceptèrent d'aller par avion, à leurs propres frais, rencontrer Red, Jud et Terri plus tard le même mois dans un lieu de villégiature situé à proximité de Memphis, où résidaient Jud et Terri. Leur rencontre avait pour but d'élaborer un plan d'affaires destiné à faire prendre de l'essor à l'entreprise. On demanda à Jud et à Terri de réfléchir à leurs objectifs et à leurs stratégies avant la rencontre.

Lorsque durant cette rencontre Jud et Terri communiquèrent leurs pensées initiales au sujet de l'essor qu'ils aimeraient donner à leur entreprise, leurs amis de l'EO les taquinèrent parce qu'ils avaient oublié un détail important. Les deux jeunes entrepreneurs leur avaient parlé de travailler avec des gens qui leur plaisaient, de faire une différence dans le monde et de s'amuser. À aucun moment ils n'avaient mentionné la nécessité de faire des profits.

« Qui va payer toute cette expansion ? demanda Juan en riant. Si vous souhaitez rester en affaires, vous devez faire des profits. »

« Juan a raison, affirma Red. Bien que vous ne deviez pas vous concentrer uniquement sur les profits, sans une saine gestion de la trésorerie, vous vous retrouverez dans le pétrin. »

Au cours de ce week-end, leurs amis de l'EO les aidèrent non seulement à clarifier leurs objectifs pour en faire de vrais objectifs d'affaires, mais aussi à produire un budget, à analyser leurs besoins en effectifs et à créer un plan d'affaires exhaustif.

***

Jud et Terri commencèrent immédiatement à implanter leur nouveau plan d'affaires. Premièrement, ils s'associèrent à d'autres conférenciers dont ils pouvaient retenir les services lorsqu'ils n'étaient pas disponibles pour un événement ou qu'ils n'étaient pas tout à fait les personnes dont on avait besoin pour parler d'un certain sujet. Pour leurs efforts, Jud et Terri obtiendraient 25 p. cent de la rémunération versée. Ils devinrent ainsi essentiellement un petit bureau de conférenciers.

Deuxièmement, Jud et Terri se mirent à créer du matériel didactique – des instruments d'évaluation, des CD et des DVD – qui allaient rehausser la qualité de leurs programmes et qu'ils pourraient vendre à leurs clients ainsi qu'à d'autres conférenciers.

De nouvelles stratégies comme celles-là exigeaient du personnel supplémentaire, qu'ils se mirent tranquillement à engager, en veillant à ce que leurs dépenses n'excèdent pas leurs revenus.

Les nouvelles affaires et les nouvelles ressources qui en découlèrent exigeaient également une supervision, qui devint difficile à effectuer lorsque Jud et Terri étaient tous deux en déplacement. Cependant, tout cela changea lorsque Terri tomba enceinte de leur premier enfant.

Au début, les nausées limitèrent les déplacements de Terri, puis l'arrivée d'Alex interrompit complètement sa carrière de conférencière. Mises à part les occasions qu'elle avait de prendre la parole en public sur la scène régionale, Jud et Terri décidèrent qu'il serait insensé que Terri s'éloigne de la maison. Cette décision prit encore plus de sens lorsque, cinq mois plus tard, Terri tomba enceinte de nouveau et que neuf mois après la sœur d'Alex, Elizabeth, vint au monde. Dès lors, Terri resta à la maison pour diriger l'entreprise tandis que le plus gros du fardeau de l'entreprise retomba sur les épaules de Jud.

CONSEILS MINUTE

☛ À moins que tu souhaites faire tout le travail, tu dois réfléchir aux moyens de trouver de nouvelles sources de revenu.

☛ Si tu ne te concentres que sur la gestion des coûts, ton entreprise ne grandira jamais.

☛ Ne crains pas de solliciter des conseils quand ton entreprise passe au niveau suivant.

☛ Si tu souhaites rester en affaires, au bout du compte, tu dois faire des profits.

Une crise de croissance financière

Au cours des cinq années qui suivirent, l'entreprise grandit lentement jusqu'à se composer de quinze employés et de dix conférenciers associés. Au cours de cette période, Jud et Terri changèrent de bureaux deux fois. Ce ne fut pas toujours facile, et le rêve de fortune que Jud caressait depuis l'enfance était encore loin de s'être réalisé.

Lorsque l'économie se mit à chuter, l'entreprise battait de l'aile. Même si tout le travail que Jud et Terri avaient fait pour améliorer leurs ventes donnait son fruit, ils avaient commencé à perdre de vue certains des principes fondamentaux qu'ils avaient acquis au début. Les dépenses s'étaient accrues plus rapidement que les revenus. Non seulement leurs dépenses en étaient venues à excéder leurs ventes, mais aussi les créances de la JTA étaient en souffrance. Certains de leurs plus grands clients négligeaient de leur payer ce qu'ils leur devaient et, en général, les clients dépassaient de beaucoup les délais de paiement normaux de trente jours.

Jud savait que l'heure était venue d'aller voir Juan Escobar, le membre de leur conseil consultatif qui en connaissait le plus au sujet de la finance. Lorsque Jud prit place dans le bureau de Juan, il admit d'entrée de jeu : «Il semble que nous ayons oublié les deux premières choses que Harris Palmer nous a dites être nécessaires pour devenir des entrepreneurs prospères : nos ventes doivent, au bout du compte, excéder nos dépenses et nous devons recouvrer nos créances.»

Juan lui sourit. «Je suis si heureux que vous le reconnaissiez de vous-même, Jud. J'ai essayé de vous mettre en garde plus tôt, mais je ne suis qu'un membre de votre conseil consultatif. C'est vous et Terri qui prenez les décisions finales. Vous vous investissiez tellement dans la croissance de votre entreprise que vous avez choisi de ne pas prêter l'oreille.

« Si vous vous souvenez bien, je vous ai dit lors de notre première réunion, quand l'entreprise venait tout juste de voir le jour, que pour réussir en affaires trois choses sont très importantes. »

L'expression qui se lisait sur le visage de Jud suggérait que, si Juan les en avait informés, il l'avait oublié.

Juan déclara : « Cette fois-ci, je tiens à ce que vous les mettiez par écrit, et cela, en majuscules. »

Jud sortit son grand cahier. « Je suis prêt », lui dit-il.

« REVENUS, REVENUS, REVENUS. C'est ce qu'il faut pour réussir en affaires ! Pour faire de bons profits, il faut que toute l'équipe y travaille. Bien qu'il importe d'accroître les revenus, tout le monde doit surveiller la marge en gérant les coûts et en recouvrant les créances. Jud, vous aurez beau être futé et vos produits auront beau être novateurs, à quoi cela servira-t-il si vous ne vous faites pas rémunérer en temps voulu ? Vous devez recouvrer vos créances immédiatement. Sans bonne gestion de la trésorerie, vous ne prospérerez jamais. Vous devez régler ce problème sans plus tarder. Je dirais qu'actuellement, vous n'avez plus qu'environ trois mois avant que vos banques et autres agents de recouvrement se mettent à vous téléphoner. »

« Vous avez raison, Juan, lui dit Jud. Que suggérez-vous ? »

« Nous devons élaborer un plan à court terme pour stopper l'hémorragie financière. Et vous devez ouvrir les livres à tout le monde dans l'entreprise. »

Au début, Jud résista à la possibilité de faire connaître à tout le monde la situation financière de l'entreprise.

« Je sais ce que vous pensez, lui dit Juan. Si vous êtes comme la plupart des gestionnaires, la dernière chose que vous souhaitiez faire, c'est de communiquer des renseignements d'ordre financier aux gens qui travaillent pour vous. Mais le gestionnaire intelligent sait qu'il est possible d'y gagner gros financièrement en communiquant ce que l'on considérait auparavant comme des données confidentielles. Il croit que, si les effectifs comprennent les réalités de l'entreprise quant aux moyens pour elle de prospérer, ils seront beaucoup plus en mesure de se relever les manches et de mettre la main à la pâte. Lorsque cela se produit, tout le monde se sent partie prenante de sa réussite, car chacun commence à réaliser en quoi ses efforts influencent les résultats financiers de l'entreprise.

« En voici un exemple, poursuivit Juan. Du temps où je possédais un restaurant, j'avais du mal à convaincre mon directeur général des avantages que nous aurions à communiquer aux employés les données financières importantes au sujet du restaurant. Dans l'espoir de convaincre mon directeur de changer d'avis, je me suis rendu au restaurant un soir à l'heure de la fermeture et j'ai demandé à tout le personnel de venir me rejoindre dans la salle à manger. J'ai divisé tous les employés – cuisiniers, plongeurs, serveurs, serveuses, aide-serveurs – en groupes de cinq ou six autour des tables et leur ai demandé de s'entendre sur la réponse à donner à la question suivante :

« "Sur un dollar gagné par ce restaurant, combien de cents selon vous vont grossir son résultat financier, c'est-à-dire de l'argent qui peut être retourné aux investisseurs en tant que profits ou réinvesti dans le restaurant ?"

« Le plus petit montant qu'un des groupes a suggéré était de quarante cents. Plusieurs groupes ont suggéré soixante-dix cents. Dans un restaurant, en réalité, si tu arrives à garder cinq cents sur un dollar, tu te débrouilles bien. Dix cents, et tu es au comble du bonheur! Vous vous imaginez un peu l'attitude que mes employés pouvaient avoir par rapport au gaspillage de nourriture, au coût de la main-d'œuvre et aux frais de caisse s'ils prenaient notre restaurant pour une machine à fabriquer de l'argent?» lui demanda Juan.

«J'imagine que ça a dû influencer leur comportement», lui répondit Jud.

«En effet, lui rétorqua Juan. Un des cuisiniers a dit: "Vous voulez dire que, si je brûle un steak qui nous coûte six dollars et que nous vendons vingt dollars, moyennant une marge bénéficiaire de 5 p. cent, nous devons vendre six steaks sans faire le moindre profit pour payer ma faute?" Il avait bien compris.»

«Je vois ce que vous voulez dire, affirma Jud. Mais je ne me sens pas à l'aise d'ouvrir les livres, surtout que notre chiffre d'affaires laisse à désirer.»

«C'est parce que vous vous souciez davantage d'avoir l'air prospère que de vous faire aider à prospérer. Si vous tenez vos effectifs bien informés et leur permettez de se servir de leur cervelle, vous vous étonnerez de constater combien ils vous aideront à gérer les coûts et à trouver des moyens d'augmenter vos revenus», lui dit Juan.

La semaine suivante, conformément à la suggestion que Juan leur avait faite, Jud et Terri convoquèrent toute l'entreprise à une réunion. Ils ouvrirent les livres comptables et firent connaître le bilan à tous. La situation financière était plutôt sinistre. En voyant l'air soucieux des gens, Jud déclara: «Pour renverser la situation, Terri et moi ne souhaitons pas nous départir de qui que ce soit. Nous voulons régler les choses ensemble. Nous avons l'intention de créer plusieurs unités d'intervention chargées d'examiner comment il nous serait possible de continuer d'améliorer notre chiffre d'affaires et de suggérer des moyens de réduire nos coûts. Il nous apparaît clairement que nous devons réduire nos dépenses de 25 à 30 p. cent au cours du prochain trimestre afin de nous sortir de l'impasse dans laquelle nous nous trouvons.»

Plus qu'heureux de l'ouverture et de l'honnêteté que Jud et Terri manifestaient, tous s'engagèrent corps et âme à faire leur part. Tous acceptèrent une réduction de leur salaire. Jud et Terri réduisirent leur propre salaire de 15 p. cent, et tous les directeurs clés optèrent pour une réduction de 10 p. cent. Tous les employés de première ligne emboîtèrent le pas, avec une réduction de 5 p. cent. Tous acceptèrent également un certain nombre d'autres mesures de réduction des coûts. Par exemple, si quelqu'un quittait l'entreprise, on ne le remplacerait pas. Et au cours de cette période de rajustement, la JTA n'allait pas verser l'équivalent des contributions des employés à la caisse de retraite.

Jud et Terri furent renversés de la loyauté et de l'engagement qu'ils reçurent de la part de leurs effectifs durant ces temps difficiles. Tout le monde était prêt à se serrer la ceinture aussi longtemps qu'il le faudrait pour renverser la situation de l'entreprise. Au grand étonnement de tous, il fallut moins de dix-huit mois pour que la situation financière se rétablisse.

Jud annonça la bonne nouvelle à Charlie Jones. Comme on aurait pu s'y attendre, ce dernier lui lança: «Formidable! avant d'ajouter: Maintenant que vous avez repris vos finances en main, n'oubliez pas les deux dernières choses que Harris Palmer vous a dites au sujet des entrepreneurs qui connaissent la réussite: Prenez soin de vos clients et prenez soin de vos effectifs. En fait, j'ai entendu dernièrement quelque chose qui résume merveilleusement bien tout ça: Les profits sont les applaudissements que l'on obtient pour avoir pris soin de ses clients et avoir su créer un milieu motivant pour ses employés.»

«Ça me plaît», lui dit Jud.

«Comme je l'ai dit, vous avez déjà fait des progrès sur le plan financier. Mais comment réussissez-vous avec vos clients et vos effectifs?»

Jud avala difficilement. Les affaires fleurissaient incroyablement de nouveau, mais il savait bien qu'ils ne disposaient pas de la structure nécessaire pour faire face à toutes les demandes qu'ils recevaient maintenant de la clientèle. Il redoutait de passer à côté d'une bonne chose. Bien que les effectifs se réjouissaient d'avoir contribué à renverser la situation financière de l'entreprise, ils sombraient petit à petit dans l'épuisement d'avoir tant travaillé. De plus, comme ils exécutaient les commandes à la hâte, ils faisaient beaucoup d'erreurs. Dans beaucoup trop de cas, ils expédiaient le mauvais matériel aux mauvaises personnes. Jud prit conscience qu'ils faisaient attendre beaucoup trop de clients pendant trop longtemps.

« Nous devons faire mieux », répondit Jud.

Ce soir-là, Jud raconta à Terri la conversation qu'il avait eue avec Charlie. « Nous devons mettre au point des stratégies qui nous permettront de mieux servir nos clients et procurer à nos effectifs l'aide et le soutien dont ils ont besoin pour implanter ces stratégies avec efficacité », dit-il à Terri.

Plus tard dans la même semaine, Terri prit réellement conscience des problèmes auxquels ils faisaient face lorsqu'elle entendit un des membres du personnel, Maria, répondre à un appel téléphonique avec une telle négligence qu'elle frisait la froideur.

« Quelqu'un qui est à cran ? » demanda-t-elle à Maria avec le sourire.

« Non, c'était Bill Lakeman. » Bill était un de leurs meilleurs clients.

« On vous aurait presque crue fâchée contre lui », déclara Terri.

Maria écarquilla les yeux. « Aïe, je suis désolée, dit-elle. Je ne pensais pas donner cette impression. C'est juste que je suis très débordée. J'ai une dizaine de gens à rappeler, une pile de commandes à remplir et plusieurs projets spéciaux à exécuter. J'imagine que je n'ai pas l'impression d'avoir de temps pour les gentillesses. »

Terri lui sourit avec sympathie. «Respirez à fond, Maria. Ne vous préoccupez pas du carnet de commandes. Nous ne sommes pas en salle d'urgence. Personne n'en mourra si vous n'effectuez pas une certaine tâche immédiatement. Quelqu'un pourrait-il vous venir en aide ? »

«Pas vraiment, lui répondit Maria en secouant la tête. Tout le monde est très pris. Pour être franche, on est tous sous pression ces temps-ci. »

«Merci de me le faire savoir, lui dit Terri. Il nous faut certainement trouver le moyen d'alléger la pression que vous subissez tous pour que vous arriviez à fournir à nos clients le meilleur service possible. »

«C'est ce que nous voulons tous faire, lui assura Maria. Merci. »

Lorsque Terri rapporta à Jud l'expérience qu'elle avait vécue avec Maria, il lâcha un soupir.

«Téléphonons à Lou Stafford, lui dit-il. C'est lui l'expert en service à la clientèle dans notre conseil consultatif. »

CONSEILS MINUTE

☞ Le secret de ta réussite en tant qu'entrepreneur réside dans la production de REVENUS, REVENUS, RE-VENUS.

☞ Sans une saine gestion de ta trésorerie, tu ne réussiras jamais en tant qu'entrepreneur.

☞ Les profits sont les applaudissements que tu obtiens pour avoir pris soin de tes clients et avoir su créer un milieu motivant pour tes effectifs.

Créer un service légendaire

L ou Stafford était ravi de recevoir l'appel de Jud et de Terri. « La crise de croissance est un excellent problème auquel faire face, leur dit-il. Toutefois, prendre soin de vos clients n'est pas une option, mais plutôt un impératif. Vous devez faire savoir à vos clients qu'ils sont votre plus grande priorité, surtout maintenant que votre entreprise est en train de prendre de l'essor. Faites-les se sentir aimés et respectés. Sinon, vous ne tarderez pas à perdre tous vos clients. Et sans eux, vous n'aurez plus d'entreprise. »

« Mais comment y parvenir, quand on a tellement de pain sur la planche ? » lui demanda Terri.

« C'est une question de concentration, lui répondit Lou. Vous devez convaincre vos effectifs de l'importance de bien traiter les clients. Pour fidéliser ses clients, on ne peut pas se contenter de nos jours de simplement les satisfaire ; on doit aussi leur procurer un service *légendaire* et en faire des inconditionnels – des clients qui sont si heureux de la manière dont vous les traitez qu'ils parlent de vous à d'autres. Essentiellement, ils intègrent votre équipe de vente. »

« Qu'entendez-vous par "service légendaire" ? » lui demanda Jud.

« Je vais vous donner un exemple, lui proposa Lou. À quatre-vingt-dix ans, ma mère est allée un jour chercher des glaçons dans le frigo. En ouvrant le compartiment à glaçons, de l'eau s'en est écoulée ; quelque chose clochait manifestement. Étant drôlement indépendante et voulant régler le problème elle-même, elle a consulté les Pages jaunes. Elle

a téléphoné à des services de réparation d'appareils électro-
ménagers les uns après les autres, tout cela pour se faire
dire que le plus tôt que quelqu'un pouvait venir était trois
semaines plus tard. Pour quelqu'un de quatre-vingt-dix
ans, trois semaines, c'est long ! »

Au bout du fil, Jud et Terri échappèrent un petit rire.

« Découragée, ma mère était sur le point de me téléphoner pour me demander mon aide quand elle est tombée
sur une petite annonce qui disait "Service le jour même".
Elle a composé le numéro y apparaissant et a entendu une
voix amicale lui dire : "Nous serions heureux de réparer votre
réfrigérateur aujourd'hui, Mme Stafford. Quand voudriez-
vous que nous soyons là ?"

« "J'ai le choix ?" a demandé ma mère, tout étonnée.

« "Absolument."

« "Que diriez-vous de 14 h ?" a suggéré ma mère.

« Non seulement un réparateur s'est présenté chez elle
à 14 h, mais aussi il avait les outils nécessaires pour lui
réparer rapidement son réfrigérateur. Sur le point de partir,
il a remis sa carte professionnelle à ma mère, émerveillée
et ravie. Il avait inscrit son numéro privé au dos. Et il lui a
dit : "N'importe quand, nuit et jour, si vous avez un problème de réfrigérateur, téléphonez-moi !"

« Que pensez-vous que ma mère a fait au cours des
trois jours qui ont suivi ? demanda Lou. Elle a téléphoné à
tout le monde qu'elle connaissait pour leur parler du service exceptionnel qu'elle avait reçu. Elle était devenue une
inconditionnelle du service de ce réparateur. »

« Mais comment cette entreprise a-t-elle pu arriver à
offrir un service aussi exceptionnel ? » demanda Terri.

« Je me suis posé la même question quand ma mère
m'a raconté son histoire, répondit Lou. Alors, j'ai téléphoné au propriétaire pour savoir comment il arrivait à offrir à
ses clients un service le jour même. Eh bien, il avait été

lui-même homme à tout faire dans le Massachusetts. Pour des raisons de santé, ses médecins lui avaient suggéré qu'il aille vivre là où le climat était plus chaud. À son arrivée à San Diego, il s'est mis à la recherche de gens qui emménageaient dans une maison qu'ils venaient d'acheter. Il frappait à leur porte pour se présenter à eux en tant qu'homme à tout faire. Il leur disait que, s'ils avaient besoin de faire faire des travaux de peinture ou de réparation, il serait heureux de le faire pour eux à prix raisonnable. Tout ce qu'il leur demandait, c'était de s'engager à lui envoyer d'autres clients si son travail leur plaisait.

« Il s'est toujours présenté à l'heure, il a toujours fourni un excellent travail et il a toujours présenté des factures raisonnables. Son travail plaisait énormément aux gens. Il s'est bâti une affaire prospère au point qu'il en est venu, lorsque ses clients de longue date lui téléphonaient, à ne plus avoir le temps de les aider parce qu'il était trop occupé. Un certain nombre de gens lui ont suggéré de démarrer sa propre entreprise. Toutefois, il hésitait à le faire, parce qu'il redoutait d'avoir à gérer des employés et un important registre du personnel. »

« Je comprends ses hésitations, dit Jud en éclatant de rire. Comment a-t-il réglé la situation ? »

« Il s'est réveillé au beau milieu de la nuit avec un éclair de génie, lui répondit Lou. Environ 25 p. cent des gens qui vivent à San Diego sont à la retraite. Beaucoup d'entre eux s'ennuient. La plupart des gens à la retraite accueilleraient favorablement un petit revenu d'appoint. Ils adoreraient avoir quelque chose à faire et pouvoir venir en aide aux autres. Alors, il a fait paraître une annonce dans le journal local qui disait : "Retraités : Si vous êtes habiles dans la réparation de choses, et si vous souhaitez venir en aide aux gens et gagner un peu d'argent, téléphonez-moi."

« Avec tout ça, il a maintenant de vingt-cinq à trente retraités de garde tous les jours. Ainsi donc, lorsqu'un client comme ma mère téléphone, il a quelqu'un à lui envoyer immédiatement. Et il supervise de près le travail des retraités, de manière à ne garder que les meilleurs et les plus fiables dans son équipe. Par ailleurs, il n'a pas à faire face au problème d'un registre du personnel important. Si les retraités ne travaillent pas, ils ne sont pas rémunérés. Il m'a dit en riant qu'en fait il avait du mal à rémunérer certaines personnes de toute manière, parce que ça nuisait à leurs prestations sociales. Le travail leur plaisait tout simplement.»

«Ça alors! Quelle façon formidable et peu orthodoxe de concervoir les choses!» déclara Terri.

«Sheldon Bowles, coauteur de *Raving Fans*, soutient qu'il y a trois secrets à la création d'une clientèle d'inconditionnels: décider, découvrir et donner satisfaction.»

«Que veut-il dire par "décider"?» lui demanda Terri en prenant quelques notes en toute hâte.

«Si vous souhaitez vous créer une clientèle d'inconditionnels, il ne suffit pas d'en faire la promotion; il vous faut encore la planifier, lui dit Lou. Vous devez décider du genre d'expérience que vous souhaitez que vos clients fassent lorsqu'ils interagissent avec chaque dimension de votre organisation.»

«Si nous faisons passer nos clients avant tout, dit Terri, ne devrions-nous pas leur demander quel genre d'expérience ils souhaitent faire?»

«Oui et non, lui répondit Lou. Bien que vous souhaitiez savoir ce que pensent vos clients, ils ignorent souvent quelles possibilités excèdent leur expérience. Ils ne voient pas la situation dans son ensemble. C'est pourquoi vous et les personnes clés de votre entreprise devez décider d'abord le genre d'expérience que vous souhaitez que vos clients fassent.»

«Comment s'y prendre, exactement?» demanda Jud.

«Quand il était président du SAS, le Scandinavian Airlines System, Jean Carlzon eut une idée de génie. Lorsqu'il s'est joint à la société, il est allé partout en Europe rencontrer tous les employés afin de leur communiquer sa vision de la société. Il leur a dit : "Si nous battons la concurrence, ce ne sera pas parce que nous avons de bons avions. Votre avantage concurrentiel ne réside pas dans de bons produits et un bon service."

« Pourquoi a-t-il dit ça ? » demanda Jud.

« Parce que votre concurrence peut toujours copier votre produit ou votre service », lui répondit Lou.

« Mais n'est-il pas important d'avoir un bon produit ou service ? » demanda Terri.

« Absolument, acquiesça Lou. Mais c'est là votre entrée en affaires, et non votre avantage concurrentiel. »

« Est-ce qu'un meilleur prix serait votre avantage concurrentiel ? » demanda Jud.

« Non, lui dit Lou. Comme Carlzon l'a dit : "Ce n'est pas en offrant le meilleur prix que l'on va battre la concurrence. On ne veut pas se lancer dans une guerre des prix." Ce dont vous avez besoin, c'est d'un prix équitable. »

« Alors, si ce n'est pas votre produit, votre service ou votre prix, quel est votre avantage concurrentiel ? » demanda Terri.

« Comme Carlzon l'a dit : "Vous allez battre la concurrence par des Moments de vérité", dit Lou. Il définissait le Moment de vérité comme "tout moment où un client vit une interaction susceptible de produire sur lui une impression avec quelqu'un de votre organisation". »

« Pouvez-vous nous donner un exemple de Moment de vérité ? » demanda Terri.

« Certainement, lui répondit Lou. Prenons l'exemple du réveil téléphonique dans un hôtel. De nos jours, quel est l'appel de réveil le plus courant ? »

« J'ai été beaucoup en déplacement ces derniers temps, lui répondit Jud, alors je peux vous le dire. Le téléphone sonne. Vous répondez, mais il n'y a personne au bout du fil. En fait, c'est une machine qui a composé le numéro de votre chambre. »

« Exactement, déclara Lou. Et quel est le deuxième appel de réveil le plus courant ? »

Terri dit alors : « J'ai reçu des appels de réveil qui disent quelque chose comme : "Bonjour, voici votre réveil téléphonique." Mais il n'y a personne en ligne. »

« C'est vrai, dit Jud. En y pensant bien, si on décroche et que c'est une personne qui fait l'appel de réveil, on sait à peine quoi lui dire ! »

« Précisément, dit Lou. Voilà justement un exemple de Moment de vérité. Tandis que je séjournais dans un Marriott d'Orlando, le téléphone sonna pour mon réveil téléphonique de 7 h. J'ai décroché et une femme m'a dit : "Bonjour, M. Stafford, ici Teresa. Il est 7 h. Il fera 24° et la journée sera ensoleillée aujourd'hui à Orlando, mais votre note indique que vous nous quittez. Où allez-vous ?" »

« J'ai été pris de court, dit Lou. Alors j'ai balbutié : "Je vais à New York." »

« Teresa me dit du tac au tac : "Voyons voir quelles sont les prévisions météorologiques du *USA Today*. Zut ! Il fera 5° et il pleuvra aujourd'hui à New York. Ne pouvez-vous rester un jour de plus ?" »

« Dites-moi, où pensez-vous que j'ai envie de descendre quand je vais à Orlando ? Je veux descendre au Marriott pour pouvoir parler avec Teresa le matin ! » s'exclama Lou en riant.

« Je vois, dit Jud. Ce sont ces petits Moments de vérité qui bâtissent ou qui détruisent une relation avec un client. »

« Justement, dit Lou. Et dans le cas de Carlzon et d'autres grands fournisseurs de service, les Moments de vérité s'étendent à tous les détails, jusqu'aux taches de café sur les sièges. Lorsque Donald Burr occupait la fonction de président du conseil de la People Express Airlines, il était d'avis que, si les tablettes des passagers étaient sales, ces derniers présumaient que les moteurs de l'avion n'étaient pas bien entretenus. Lorsqu'ils cherchent un endroit où passer la nuit après une longue journée de route, combien de gens choisiraient de descendre dans un motel dont l'enseigne comporte quelques ampoules grillées?»

«Pas moi», affirma Terri.

«Nous avons parlé jusqu'ici de clients externes, mais il importe de reconnaître que tout le monde est un client et tout le monde a un client, poursuivit Lou. Le client externe, c'est quelqu'un d'extérieur à votre organisation qui fait des affaires avec vous. La personne qui prend les commandes à un restaurant-minute est un bon exemple de personne qui sert les clients externes. Le client interne, c'est quelqu'un au sein de votre organisation qui sert des clients externes ou qui n'en sert peut-être pas. Par exemple, les gens qui travaillent dans le domaine des ressources humaines ont surtout des clients internes. Et certaines personnes, comme celles du service de la comptabilité, ont les deux, des clients externes et des clients internes. Ils envoient des factures à des clients externes et ils fournissent des rapports et des renseignements à des clients internes. L'idée, c'est que tout le monde a un client.»

«Si je comprends bien, la création d'un service légendaire commence donc par une représentation mentale du genre d'expérience que l'on souhaite faire vivre à ses clients, résuma Jud. Et les entreprises qui fournissent un service à la clientèle exceptionnel sont celles qui analysent chaque Moment de vérité qu'elles vivent avec leurs clients, qu'ils soient externes ou internes, et qui déterminent comment elles aimeraient que cette expérience se passe pour eux.

«Vous avez tout compris», déclara Lou.

« Vous avez mentionné que Sheldon Bowles avait « découvrir » pour deuxième secret, dit Terri, en consultant ses notes. Qu'entendez-vous par là ? »

« Après avoir décidé de ce que vous souhaitez voir se produire, il importe que vous découvriez toute suggestion que vos clients pourraient avoir à vous faire et qui améliorerait l'expérience qu'ils font de votre entreprise. Qu'est-ce qui améliorerait l'expérience qu'ils font à votre contact ? Demandez-le-leur ! Toutefois, demandez-le-leur de manière à susciter une réponse. Par exemple, combien de fois avez-vous mangé dans un restaurant où le gérant vient vous voir pour vous demander : "Comment était-ce ce soir ?" Ne répondez-vous pas généralement : "Bien" ? Cette réponse qui ne renseigne aucunement le gérant. Il lui serait plus utile de commencer ainsi : "Pardon. Je suis le gérant du restaurant. Je me demandais si je pourrais vous poser une question. Y a-t-il quoi que ce soit que nous aurions pu faire différemment ce soir qui aurait amélioré votre expérience chez nous ?" Cette question invite à donner une réponse. Si le client vous dit : "Non", vous pouvez poursuivre en lui demandant : "Certain ?" »

« Ce que vous dites, affirma Jud, c'est que, si nous voulons que la JTA connaisse une grande réussite, nous allons devoir passer maîtres dans l'art de découvrir ce que pensent nos clients. »

« Vous n'avez pas à lire dans les pensées de qui que ce soit, mais vous devez trouver des moyens créatifs pour découvrir ce que vos clients ont en tête, lui répondit Lou. Plus souvent qu'autrement, cela exige une bonne écoute. »

« Donc, pour créer un service qui fera de nos clients des inconditionnels de ce service, il s'agit surtout de leur prêter une oreille attentive et d'agir ensuite selon ce que nous aurons entendu », résuma Terri.

« Oui, lui confirma Lou, à une condition : Lorsqu'un client vous dit quelque chose, vous devez l'écouter sans vous mettre sur la défensive. Une des raisons pour lesquelles les gens stressent lorsqu'ils écoutent les clients, c'est qu'ils croient toujours devoir faire ce que le client voudrait leur voir faire. Ils ne comprennent pas que l'écoute comporte deux dimensions. La première, selon Stephen Covey, est celle-ci : "Cherchez d'abord à comprendre." Autrement dit, écoutez pour comprendre. Essayez de dire : "C'est intéressant. Dites-m'en plus. Pourriez-vous être plus précis ?"

« La deuxième dimension de l'écoute consiste à déterminer si vous souhaitez faire quoi que ce soit par rapport à ce que vous avez entendu, poursuivit Lou. Il faut séparer cette décision de la dimension "compréhension" de l'écoute. Et il importe de réaliser qu'il n'est pas nécessaire que vous décidiez de ce que vous devez faire tout juste après avoir reçu une suggestion. Faites-le plus tard, lorsque vous aurez eu du temps pour y réfléchir ou en parler avec d'autres. Si vous comprenez que vous avez le temps d'y réfléchir, cela vous aidera à moins vous mettre sur la défensive et à mieux écouter. D'abord, écoutez pour comprendre, et déterminez ensuite ce que vous souhaitez faire par rapport à ce que vous avez entendu. »

« J'ai vu dernièrement un exemple d'écoute défensive au centre commercial, affirma Jud. Je marchais derrière une femme qui avait un fils de huit ou neuf ans. En passant devant un magasin d'articles de sports, le jeune y a jeté un coup d'œil et a vu un beau vélo rouge à l'extérieur du magasin. Il s'est arrêté net et a dit à sa mère : "J'aimerais beaucoup avoir un vélo comme celui-là." Sa mère est presque devenue folle et s'est mise à crier : "Je n'arrive pas à le croire ! Je viens de t'acheter un nouveau vélo à Noël que déjà au mois de mars tu en veux un autre ! Il n'est pas question une seconde que je t'achète quoi que ce soit de plus !" J'ai cru qu'elle allait clouer la tête du gamin au mur ! »

« Malheureusement, c'est l'exemple parfait d'une personne qui n'a pas pris le temps d'écouter pour comprendre avant de prendre une décision, déclara Lou. Si elle avait dit au jeune : "Chéri, qu'est-ce qui te plaît dans ce vélo ?" il lui aurait peut-être dit : "Tu vois cette frange après le guidon ? Elle est super !" Et cette frange aurait pu faire un cadeau d'anniversaire bon marché.

« Ensuite, après avoir écouté ce qu'il avait à dire au sujet du vélo, la mère aurait pu lui dire : "Chéri, pourquoi penses-tu que je ne peux pas t'offrir ce nouveau vélo ?" Le gamin lui aurait probablement répondu : "Parce que je viens juste d'en avoir un nouveau à Noël."

« Il est également utile d'écouter sans vous mettre sur la défensive quand vous avez commis une erreur auprès d'un client, poursuivit Lou. En vous disculpant, vous ne ferez que l'irriter. Lorsqu'ils sont contrariés, tout ce que les clients veulent, c'est de se faire entendre. En fait, des recherches ont démontré que, si vous écoutez un client se plaindre en prenant le temps de l'écouter attentivement et sans vous mettre sur la défensive, pour ensuite lui demander : "Y a-t-il un moyen pour nous de regagner votre fidélité ?" huit fois sur dix le client vous répondra : "Vous venez de le faire. Vous m'avez écouté." »

« Que faire si un client fait une bonne suggestion ou est contrarié par quelque chose qu'il vaudrait la peine de changer ? » demanda Terri.

« Vous pouvez intégrer cette suggestion à votre image du service à la clientèle, lui répondit Lou. Par exemple, j'ai reçu récemment la lettre d'un homme qui possède trois restaurants McDonald's dans le Midwest. Les clients âgés de ses restaurants suggéraient qu'à certaines périodes de la journée il devrait y avoir des nappes et des bougies sur les tables, et du personnel qui prendrait et apporterait les commandes aux tables. Après y avoir réfléchi, le propriétaire s'est rendu compte que l'idée était excellente. Maintenant, entre 16 h et 17 h 30 – l'heure à laquelle beaucoup de personnes âgées prennent leur repas –, il y a des nappes et des bougies sur les tables, et le personnel quitte le comptoir pour servir les clients. Les personnes âgées inondent ses restaurants durant ces heures-là.»

«Si vous fusionnez l'expérience que vous souhaitez faire vivre à vos clients avec celle qu'ils veulent vivre, vous obtiendrez une image d'ensemble assez complète de ce à quoi vous souhaitez que ressemble votre expérience du service à la clientèle, conclut Lou. Le fait d'écouter vos clients, de tenir compte de leurs besoins et ensuite d'améliorer continuellement le niveau de votre service aura pour effet de faire de vos clients des inconditionnels de votre service.»

«Vous avez parlé plus tôt de "donner satisfaction", mentionna Terri, en consultant ses notes de nouveau. Expliqueriez-vous cette notion?»

«Bien sûr, acquiesça Lou. Le concept consiste en réalité à donner satisfaction aux clients et d'ajouter 1 p. cent. Une fois que vous vous représentez clairement l'expérience que vous souhaitez faire vivre à vos clients – une expérience qui les satisfera, les ravira et leur mettra le sourire aux lèvres –, il vous reste à trouver le moyen d'amener vos effectifs à satisfaire les clients et à leur offrir *un petit extra*.

«La responsabilité de créer une vision du service à la clientèle incombe au propriétaire ou à la direction. Il s'agit de la dimension visionnaire ou stratégique du leadership, selon la taille de l'entreprise. Quand je parle de "responsabilité", je ne veux pas dire que le propriétaire ou la direction n'en fait pas intervenir d'autres, mais que la responsabilité revient aux gens se trouvant au sommet de la hiérarchie traditionnelle, que l'on exploite un commerce familial ou une multinationale. Une fois que l'expérience du service à la clientèle souhaitée a été bien définie et que les gens s'y

sont engagés, l'implantation – ou la dimension opération-
nelle du leadership – commence.

«C'est au stade de l'implantation que la plupart des organisations connaissent des ennuis, poursuivit Lou. Toute
l'énergie de l'entreprise grimpe les échelons de la hiérarchie à mesure que les gens s'efforcent de plaire et de rendre
des comptes à leurs patrons, au lieu de concentrer leur énergie
sur la nécessité de répondre aux besoins de leurs clients. La
bureaucratie règne, tandis que politiques et procédures occupent les journées. Entre-temps, ceux qui interagissent avec
les clients n'y sont ni préparés ni engagés. Résultat : ils font
coin-coin comme des canards.»

«Des canards?» demanda Terri.

«Oui, dit Lou. Wayne Dyer, le grand formateur en
croissance personnelle, a dit il y a plusieurs années qu'il
existe deux genres de personnes : les canards et les aigles.
Les canards sont comme des victimes et font "Coin-coin!
Coin-coin! Coin-coin!" Trop d'entre nous se comportent
comme des canards. Les aigles, par contre, prennent des
initiatives et volent bien haut au-dessus de la foule. En tant
que client, vous pouvez toujours voir si face à un problème
une entreprise agit strictement selon les règles et vous fait
face comme à des canards qui font coin-coin: "C'est la
politique de la maison. Coin-coin! Ce n'est pas moi qui fait
les règles. Coin-coin! Je ne fais que travailler ici. Coin-
coin! Voulez-vous parler à mon supérieur? Coin-coin-coin!"

«J'ai vu le parfait exemple de ce phénomène quand j'ai
voulu louer une voiture dernièrement, poursuivit Lou.
Je suis un des administrateurs de mon *alma mater*. Il y
a quelque temps, je me rendais à une réunion dans la petite
ville où se trouvait le collège. Je voulais louer une voiture
que je pourrais laisser dans la ville voisine de Syracuse.
Ceux qui sont souvent en déplacement savent que, s'ils
laissent une voiture dans un endroit différent de celui où ils

l'ont louée, l'entreprise de location leur chargera d'importants frais de remise. Il est toutefois possible d'éviter ces frais si on loue une voiture provenant de l'endroit où l'on veut se rendre. Le sachant, j'ai demandé à la dame derrière le comptoir : "Avez-vous une voiture provenant de Syracuse ?"

« Elle m'a répondu : "Vous avez de la chance, j'en ai justement une." Puis elle a accédé à mon contrat dans l'ordinateur et l'a préparé.

« Et je n'ai pas particulièrement le souci du détail, affirma Lou en riant, mais j'ai remarqué du coin de l'œil des frais de remise de soixante-quinze dollars. J'ai donc demandé : "Pourquoi ces frais de remise de soixante-quinze dollars ?"

« Elle me répond : "Je n'ai pas ajouté ça. Coin-coin !"

« Je lui demande : "Qui l'a fait ?"

« Elle me dit : "L'ordinateur. Coin-coin !"

« Je lui demande : "Comment dire à l'ordinateur qu'il s'est trompé ?"

« Elle me répond : "Je l'ignore. Coin-coin !"

« Je lui demande alors : "Pourquoi ne pas tout simplement le rayer ?"

« Elle me répond : "Je ne le peux pas. Mon patron me tuerait. Coin-coin !"

« "Vous voulez dire que je dois payer des frais de remise de soixante-quinze dollars parce que vous avez un patron difficile ?" lui ai-je demandé.

« Elle me dit : "Une seule fois – Coin-coin ! – mon patron m'a laissée les rayer."

« "Pourquoi ça ?"

« "Le client travaillait au collège ici en ville. Coin-coin !"

« Je lui dis : "Merveilleux ! Je siège au conseil d'administration là-bas !"

« Elle me demande : "Qu'est-ce que le conseil fait ? Coin-coin !"

« Je lui dis : "On peut congédier le président." »

« Elle me dit : "Quel est votre numéro d'employé ? Coin-coin !" »

« "Je n'en ai pas", lui ai-je répondu.

« "Qu'est-ce que je vais faire ? Coin-coin !" »

« J'ai dû jouer au psychologue pendant vingt minutes pour arriver à échapper à ces frais de soixante-quinze dollars, affirma Lou. Des gens comme elle me mettaient en colère auparavant, mais plus maintenant, parce que j'en suis venu à réaliser que ce n'est pas de leur faute.

« Selon vous, pour qui cette femme travaillait-elle, un canard ou un aigle ? » demanda Lou.

« Un canard, manifestement », répondit Jud.

« Justement, acquiesça Lou. Si elle avait travaillé pour un aigle, elle aurait eu la liberté de régler le problème et de donner satisfaction à son client. Dans ce cas-ci, son supérieur était le ou la colvert en chef, puisqu'il ou elle faisait simplement coin-coin plus fort que les règles de la maison du haut de son échelon supérieur de la hiérarchie. À votre avis, pour qui le supérieur canard travaille-t-il ? »

« Pour un autre canard », répondit Jud.

« Tout à fait, dit Lou. Et qui est assis au sommet de l'organisation ? Un beau grand canard. Vous est-il déjà arrivé de recevoir des fientes d'aigle ? Évidemment pas, parce que les aigles volent bien haut au-dessus de la foule. Ce sont les canards qui foutent le bordel partout. »

« Comment créer une organisation de laquelle les canards sont bannis et dans laquelle les aigles peuvent voler bien haut ? » demanda Jud.

« C'est là où, selon moi, il faut que vous vous entreteniez avec l'un des membres du conseil consultatif de la JTA, Nancy Kaline. Comme Nancy pourrait vous le dire, le moyen de créer des aigles consiste à traiter vos effectifs comme des partenaires, afin qu'ils se sentent libres d'agir comme si l'endroit leur appartenait. Nancy en sait plus long que toutes les personnes que j'ai pu connaître sur la manière de faire équipe avec vos effectifs.»

«On va donc la contacter, dit Jud. Merci pour toute votre aide.»

Après leur conversation avec Lou, Jud et Terri communiquèrent tout ce qu'ils avaient appris au sujet des Moments de vérité avec le personnel au complet. Ils demandèrent aux gens de chaque service d'analyser tous les éléments délicats de leurs interactions avec leurs clients et de déterminer comment ils souhaitaient agir par rapport à ces éléments. Plus tard, ils se réunirent tous ensemble dans le cadre d'une journée consacrée à l'excellence du service durant laquelle ils purent s'inspirer les uns les autres par les résultats de leurs efforts respectifs.

CONSEILS MINUTE

☞ Recherche des Moments de vérité avec tes clients, pour créer le genre d'expérience que tu souhaites leur faire vivre.

☞ Écoute tes clients ; découvre leur idée de ce qui améliorerait l'expérience qu'ils font de l'entreprise et qui aurait pour effet de perfectionner sa vision et son service.

☞ Évite de créer une entreprise de canards. Permets à tes effectifs de voler bien haut comme les aigles pour qu'ils donnent à la clientèle un service de qualité supérieure.

Aider les gens à voler bien haut comme les aigles

Nancy Kaline avait endossé la présidence de sa grande entreprise familiale en succédant à son père, qui avait monté une affaire à partir de rien au moyen d'un leadership de style «ma voie ou la voie rapide». Toutefois, ce style n'avait plus semblé fonctionner au cours des dernières années où il avait dirigé l'entreprise.

«Plusieurs choses avaient changé, déclara Nancy à Jud et à Terri lorsqu'ils se retrouvèrent. D'abord, la manière de faire des affaires est beaucoup plus complexe de nos jours que lorsque mon père a démarré l'entreprise. La mondialisation, une concurrence féroce et une technologie en évolution rapide et constante le forçaient à sortir de sa zone de sécurité. La stratégie de l'homme orchestre qu'il appliquait à la prise de décisions ne convenait plus à notre entreprise croissante. Aujourd'hui, les travailleurs renseignés veulent avoir une relation de partenariat avec leurs leaders.»

«De partenariat?» demanda Jud.

«Oui, lui répondit Nancy. Les employés engagés croient aujourd'hui que les propriétaires et la direction ont autant besoin d'eux qu'ils ont besoin de l'entreprise. S'ils ne se sentent pas appréciés à leur juste valeur ou engagés, ils iront travailler ailleurs. Comme c'est le cas des clients, la fidélité des effectifs est aujourd'hui quelque chose qui se mérite.»

«Comment gagner la fidélité de ses effectifs?» se demanda Terri à voix haute.

«En leur permettant d'apporter leur cerveau, et non uniquement leur corps, au boulot, répondit Nancy. Comme

Lou le dirait, laissez-les voler bien haut comme les aigles au lieu de leur faire faire coin-coin comme les canards. Pour y arriver, il faut que les propriétaires et les patrons soient des leaders serviteurs.»

«"Des leaders serviteurs?" demanda Jud. On dirait des prisonniers qui dirigent leur prison.»

«Ou une sorte d'ordre religieux» déclara Terri.

Nancy s'esclaffa. «Pour vraiment comprendre ce qu'est le leadership serviteur, il faut reconnaître qu'il y a deux dimensions au leadership: la vision et l'implantation. La dimension vision du leadership établit la direction, les valeurs et les grandes initiatives commerciales. Il s'agit de la partie "leadership" du leadership serviteur. C'est ce que j'appelle le leadership stratégique. C'est ce dans quoi mon père excellait.»

«On dirait bien que c'était un gars qui voyait les choses dans leur ensemble», déclara Terri.

«C'était le cas, le lui confirma Nancy avec le sourire. Et il avait depuis le début quelques personnes d'expérience à ses côtés qui étaient prêtes à tout faire pour lui plaire et concrétiser ses désirs. C'étaient des employés type d'autrefois, fidèles et disposés à faire ce qu'on leur disait de faire. Ils se consacraient à l'entreprise en échange de la fidélité à vie de leur employeur. Sans de telles personnes, papa se serait retrouvé dans le pétrin. Il ne prêtait pas beaucoup attention à l'implantation. Il donnait la direction et s'attendait ensuite à voir se produire ce qu'il souhaitait voir se produire.»

«Que voulez-vous dire?» demanda Jud.

«Il disait aux gens quelle était la tâche à accomplir, puis il disparaissait, répondit Nancy. Il partait à la recherche de la prochaine occasion d'affaires à saisir. Ils se débrouillaient bien s'ils savaient exactement quoi faire, mais ce n'était pas toujours le cas. Parfois, le travail ne se faisait pas dans les délais prescrits et des erreurs se produisaient.

Lorsque cela arrivait, il se mettait à tourner en rond et agissait comme un dirigeant goéland, exécutant des piqués, faisant bien du bruit et se défoulant contre tout le monde, avant de partir en claquant la porte. Toutefois, comme mon père se montrait fidèle envers eux, ils ramassaient les pots cassés et se remettaient au travail.

« Quand j'ai pris la succession de mon père, la plupart des premiers employés prenaient leur retraite ou étaient sur le point de la prendre. Le jeu est maintenant complètement différent. Les gens comprennent que le bon rendement commence par des objectifs clairs, mais ce qui les intéresse le plus, c'est de savoir comment ces objectifs seront réalisés – le leadership opérationnel. C'est ici qu'entre en jeu la partie "serviteur" du leadership serviteur. »

« Dites-nous-en plus », demanda Terri.

« Aujourd'hui, les gens veulent avoir des dirigeants qui travailleront avec eux à la réalisation des objectifs fixés. Ils veulent avoir des leaders qui les considèrent comme des partenaires. C'est ce que font les leaders serviteurs.

« Et oui, affirma Nancy, dans la plupart des entreprises, petites ou grandes, on considère en général le leadership comme une hiérarchie, selon laquelle le propriétaire, le président ou le PDG est responsable et tout le monde s'efforce de plaire au patron. C'est ce qui se passait avec mon père. Selon mon expérience, ce genre de leadership venant du sommet n'a pas pour effet de susciter ce qu'il y a de meilleur chez les gens. »

« Autrement dit, affirma Jud, le leadership que l'on perçoit comme latéral plutôt que vertical (du sommet vers la base) est davantage susceptible de créer un grand rendement et une grande satisfaction. »

« C'est ça, acquiesça Nancy. Avec un partenariat latéral comme celui-là, on se concentre sur la nécessité d'aider les gens à obtenir de bons résultats. Lorsque cela se produit, vos effectifs sont fiers d'eux-mêmes et l'entreprise en sort gagnante. »

Là, Nancy avait toute l'attention de Jud et de Terri.

« Comment pouvons-nous en tant qu'entrepreneurs veiller à ce que l'on mette l'accent sur le rendement et la satisfaction ? » demanda Jud.

« En encourageant *tout le monde* à devenir leader. C'est ainsi que les entrepreneurs s'y prennent pour conserver leurs effectifs. Ils comprennent qu'il leur est impossible de tout faire eux-mêmes. Ils doivent compter sur les gens qu'ils engagent pour que ceux-ci se saisissent de leur rêve, courent avec et fassent en sorte qu'il se réalise. Lorsque des erreurs sont commises, ces leaders profitent de l'occasion pour en tirer des leçons, plutôt que pour punir les gens. »

« Je vois beaucoup d'entrepreneurs se laisser bouffer le cerveau par leur ego, dit Jud. Ils se mettent à croire que leur entreprise ne concerne qu'eux. Ils oublient l'importance de leurs effectifs. J'espère ne jamais tomber dans ce piège. »

« C'est facile d'y tomber, affirma Nancy. Si votre organisation ne concerne que vous, vous ne permettrez pas aux gens de s'engager à réaliser votre rêve. Ils ne feront que passer dans votre entreprise, selon les offres qu'ils recevront ailleurs. Si vous considérez vos effectifs comme vos partenaires, ils se mettront à agir comme si l'endroit leur appartenait. Ils se responsabiliseront dans leur travail. Et c'est précisément ce que vous souhaitez les voir faire. »

« Comment faire des partenaires de nos effectifs, au juste ? » demanda Jud.

« Vous devez établir un excellent système de gestion du rendement », répondit Nancy.

« Le mot "système" comporte souvent une connotation négative », déclara Jud avec le sourire.

« Vous avez raison, affirma Nancy. La plupart des entrepreneurs ne croient pas devoir se doter d'un système pour gérer leurs effectifs. Pourtant, comme Peter Drucker l'a souvent dit : "Rien de bon n'est le fruit du hasard." Je suis certaine qu'il y a beaucoup de gens dans votre vie qui se rappellent votre date d'anniversaire.»

Jud et Terri le confirmèrent d'un signe de la tête.

«Ce sont des gens très attentionnés, poursuivit Nancy. Comment croyez-vous qu'ils soient devenus aussi attentionnés? Ils sont bien organisés. Ils disposent d'un certain système qui leur rappelle plusieurs semaines d'avance que votre anniversaire approche. Ce même mode de pensée systématique doit diriger votre gestion du personnel au travail.»

«Qu'est-ce qu'un bon système de gestion du rendement implique?» demanda Jud.

«Tout système efficace de gestion du rendement se présente en trois volets, affirma Nancy. Le premier, c'est la planification du rendement. C'est à ce stade-là que vous vous entendez avec vos effectifs au sujet des objectifs sur lesquels ils devraient concentrer leur énergie. Tout bon rendement commence par des objectifs clairs.»

«Si les gens ignorent où ils vont, ils risquent fort peu d'y parvenir», déclara Terri en souriant.

«C'est certain, confirma Nancy. Trop de gens dans les organisations se font punir pour n'avoir pas fait ce qu'ils ignoraient même être censés faire.»

«Et la fixation d'objectifs contribue à l'éviter», dit Jud.

«Ça aide, c'est sûr, dit Nancy. Surtout si les gens savent non seulement ce à quoi on s'attend de leur part, mais aussi ce à quoi ressemble un bon rendement – ce que sont les normes de rendement à satisfaire.»

«Le partenariat commence-t-il par la planification du rendement?» demanda Terri.

«Oui, affirma Nancy, mais vous devez vous rappeler dans la planification du rendement qu'il est acceptable que le propriétaire ou le dirigeant établisse les objectifs. Sinon, s'il survient un différend entre un directeur et quelqu'un étant sous sa direction quant à ce que sont les objectifs à atteindre, qui aura gain de cause ?»

«Le propriétaire ou le dirigeant, j'imagine», répondit Terri.

«Oui, affirma Nancy, parce que cette personne représente les objectifs de l'entreprise. Cela ne signifie toutefois pas que vous ne fassiez jamais intervenir vos effectifs dans l'établissement d'objectifs, surtout des gens qui ont de l'expérience. Cela veut simplement dire que la responsabilité de fixer des objectifs revient au directeur. Il s'agit de la partie "leadership" du leadership serviteur.»

«Quel est le deuxième volet d'un bon système de gestion du rendement ?» demanda Jud.

«*L'encadrement quotidien*, les renseigna Nancy. C'est ici que vous inversez la pyramide proverbiale et que vous tournez la hiérarchie à l'envers, ce qui fait que vous travaillez maintenant essentiellement pour vos effectifs.»

«Pourquoi agir de la sorte ?» demanda Jud.

«Parce qu'ainsi, en tant que dirigeant, vous devenez le supporter du bon rendement chez vos effectifs, déclara Nancy. Il incombe aux dirigeants de faire tout en leur pouvoir pour aider leurs coéquipiers à réussir. C'est ici qu'entrent réellement en jeu la relation de partenariat et la dimension "service" du leadership serviteur. Vous faites tout ce que vous pouvez pour aider vos coéquipiers à voler bien haut comme les aigles.»

«Quel est le troisième volet d'un système efficace de gestion du rendement ?» demanda Jud.

«*L'évaluation du rendement*, répondit Nancy. C'est ici que les dirigeants et les gens qui relèvent immédiatement d'eux prennent le temps d'examiner le rendement de chaque membre de l'équipe sur une période donnée.»

«Il était un temps où je redoutais les séances d'évaluation du rendement, avoua Jud, même si je savais avoir Dirk, le PDG, de mon côté.»

«Si la plupart des gens redoutent leurs séances d'évaluation du rendement, dit Nancy, c'est parce qu'ils ne sont jamais bien certains de la manière dont ils seront évalués. Ils espèrent simplement jouir d'une bonne relation avec leur patron et qu'ainsi leur évaluation se passera bien.»

«C'est certainement la manière dont les choses se passaient avec moi, indiqua Jud. Je me rappelle un formulaire que Dirk avait rempli à mon sujet.»

«Oh oui, le fameux formulaire, dit Nancy. Dans la plupart des entreprises ou des organisations où je vais, les gens me disent: "Notre nouveau formulaire d'évaluation du rendement va vraiment vous plaire." Ça me fait toujours rire, parce qu'à mon avis on devrait jeter à la corbeille la majorité de ces formulaires.»

«Pourquoi dites-vous ça?» demanda Terri.

«Parce que ces formulaires mesurent souvent des choses que personne ne sait évaluer. Par exemple, "l'esprit d'initiative" ou "la disposition à assumer des responsabilités". Ou encore "la possibilité d'avancement", c'en est une bonne.

«Si quelqu'un ignore comment sortir vainqueur d'une évaluation, poursuivit Nancy, il concentrera le gros de son énergie sur le sommet de la hiérarchie. Après tout, comme Jud l'a dit, si vous êtes en bons termes avec votre patron, vos chances d'obtenir une évaluation favorable seront meilleures.»

«Ça me rappelle vraiment quelque chose, affirma Jud. Je ne savais jamais comment au juste Dirk allait m'évaluer, sauf pour mon chiffre de vente, qui était très précis.»

«Ça nous ramène aux normes de rendement, Jud, affirma Nancy. Vous souvenez-vous que j'ai dit que tout bon rendement commence par des objectifs clairs? Il vous faut établir des normes de rendement. Après tout, s'il vous est impossible de mesurer quelque chose, il vous sera impossible de le gérer. On évalue souvent les gens selon des domaines mal définis, dans lesquels ils ignorent même à quoi peut ressembler un bon rendement. Et il arrive que l'on ne leur ait pas même dit que leur patron s'intéressait à un domaine particulier. »

« Permettez-moi de revenir un instant sur la fixation d'objectifs, demanda Terri. La plupart des organisations ne parviennent-elles pas bien à se fixer des objectifs ? »

« Oui, en effet, répondit Nancy. Mais malheureusement, après que vous vous êtes fixé des objectifs, que pensez-vous qu'il advient de ces objectifs dans la plupart des cas ? »

Jud éclata de rire. « J'imagine qu'on les atteint. »

« Précisément, dit Nancy. Et plus personne n'y prête attention jusqu'au moment de faire une évaluation du rendement. »

« Les objectifs ne sont donc pas utilisés activement au cours de l'année ? » demanda Terri.

« Non, ils ne le sont pas », répondit Nancy.

« Pourquoi ? » demanda Jud.

« Permettez-moi de vous répondre par une autre question, lui dit Nancy. Auquel des trois volets d'un système efficace de gestion du rendement accorde-t-on le moins de temps ? »

« Je sais que ce n'est pas l'évaluation du rendement, affirma Jud en riant, parce qu'il me semble que c'est le volet dont vous parlez sur lequel tous les dirigeants se concentrent. »

« Je dirais que c'est l'encadrement quotidien », dit Terri.

« Bingo ! lança Nancy. C'est à l'encadrement que les dirigeants accordent le moins de temps. Pourtant, il s'agit de la dimension la plus importante de la gestion du rendement du personnel. C'est ici que le retour d'information – faire l'éloge des progrès et redresser les mauvais comportements – passe à l'avant-scène. C'est ici que votre dirigeant devient réellement votre partenaire, parce qu'il ou elle vous fait part de ses impressions par rapport à la réalisation de vos objectifs et aux résultats que vous obtenez.

« Si vous souhaitez voir les gens gagner et atteindre leurs objectifs, ils ont besoin que quelqu'un observe et suive leur comportement après la fixation des objectifs. C'est ici qu'il vous faut les ramener dans la bonne voie s'ils s'en écartent, et les féliciter de leurs bons coups et les encourager à recommencer. »

« C'est vraiment exaltant tout ça ! » affirma Jud.

« Je suis heureuse que vous le pensiez, dit Nancy, parce que c'est absolument essentiel. Pour vous aider à bien comprendre, je vais vous raconter l'histoire d'un de mes anciens professeurs d'université. Il avait toujours des ennuis avec l'université. Le conseil de faculté a fait plusieurs enquêtes à son sujet. Ce qui rendait les membres de la faculté complètement fous, c'était surtout qu'au début de chaque trimestre, il remettait aux étudiants une copie de l'examen final. Lorsque les membres de la faculté l'ont appris, ils lui ont demandé : "Que faites-vous là ?"

« Il leur a répondu : "Je croyais qu'on était censés enseigner à ces étudiants."

« Ils lui ont rétorqué : "Oui, mais vous n'avez pas à remettre aux étudiants l'examen final à l'avance."

« Il leur a répondu : "Non seulement je vais leur remettre l'examen final à l'avance (Que voulez-vous que je leur enseigne tout le trimestre ?), mais en plus je vais leur en enseigner les réponses, de sorte qu'ils réussissent leur examen final avec une note parfaite. Vous voyez, la vie sert à obtenir des notes parfaites, et non à former une stupide courbe de distribution normale." »

« Quelle excellente philosophie ! » déclara Jud.

«En effet, lui dit Nancy. Il a beaucoup influencé ma conception du leadership. Vous deux, cherchez-vous à recruter des perdants? Affirmez-vous autour de vous: "Nous avons perdu quelques-uns de nos perdants l'année dernière, allons donc en engager des nouveaux comme bouche-trous"?»

«J'espère que non! s'exclama Terri. J'aime croire qu'on va chercher soit des gagnants, soit des gagnants potentiels. Les gagnants potentiels, ce sont des gens qui, à notre avis, peuvent devenir des gagnants s'ils sont bien encadrés.»

«Vous n'engagez donc pas des gens pour qu'ils correspondent à une courbe de distribution normale, n'est-ce pas?» demanda Nancy.

«Absolument pas», affirma Terri.

«Vous veillez donc à ne pas tomber dans ce piège, que ce soit officiellement ou officieusement, poursuivit Nancy. Les dirigeants considèrent tellement souvent que leur emploi consiste à juger, à évaluer et à critiquer les gens; alors qu'il consiste en réalité à faciliter, à encourager et à soutenir leurs efforts.»

«Message reçu cinq sur cinq!» déclara Jud.

«Remettre aux gens l'examen final à l'avance revient à planifier leur rendement, poursuivit Nancy. Ils savent maintenant exactement ce que l'on attend d'eux. Enseigner les réponses aux gens, c'est précisément ce à quoi sert l'encadrement quotidien. Si vous voyez quelqu'un faire un bon coup, vous l'en félicitez. Si vous le ou la voyez se tromper, vous vous contentez de lui dire: "Mauvaise réponse. À votre avis, quelle serait la bonne réponse?" Autrement dit, vous les ramenez dans la bonne voie. Et à la fin de la période de rendement à évaluer, vous rendrez l'évaluation plus efficace si vous remettez aux gens le même "examen" que vous leur aurez donné au début du "trimestre".

« Vous dites donc que l'évaluation du rendement annuelle ou semestrielle ne devrait réserver aucune surprise », récapitula Jud.

« C'est exactement ce que je dis », affirma Nancy.

« Tout le monde devrait savoir en quoi consistera l'examen et qu'ils obtiendront de l'aide tout au long de l'année pour leur permettre d'obtenir une excellente note. Quand on a un système de notation imposé dans lequel un certain pourcentage de gens doivent forcément perdre, on perd la confiance de tout le monde. Tout ce qu'ils voudront faire maintenant, ce sera de se hisser au premier rang. »

« Votre philosophie me plaît, Nancy, déclara Jud. Avez-vous déjà vu des entreprises qui l'emploient réellement ? »

« Oui, lui répondit Nancy, surtout celles dont la direction est éclairée. Garry Ridge, président de WD-40, a donné pour thème principal à son entreprise "Ne corrigez pas mon devoir, aidez-moi à obtenir une note parfaite", qu'il y implante. Il insiste tellement sur ce point et sur le système de gestion du rendement qu'il a déjà congédié le supérieur d'un employé au mauvais rendement, plutôt que l'employé lui-même, parce que ce supérieur n'avait rien fait pour aider l'employé à obtenir une note parfaite. Il souhaite que tout le monde sache que la gestion est une question de partenariat destiné à aider les gens à obtenir des notes parfaites. »

« Et si vous travaillez en étroite collaboration avec quelqu'un, mais que la personne ne mérite toujours pas une note parfaite ? » demanda Terri.

« Ne la leur accordez pas, alors, lui répondit Nancy. Mais voyez-y le signe que cette personne n'occupe probablement pas le bon poste. Vous passez maintenant à la planification de carrière. »

« Si nous voulons que nos effectifs volent bien haut comme les aigles et prennent bien soin de nos clients, nous devons créer un milieu dans lequel ils peuvent réussir – où ils savent que nous sommes de leur côté –, de sorte qu'ils seront dynamisés et qu'ils agiront comme si l'endroit leur appartenait. »

« Vous avez tout compris, dit Nancy. Le leadership axé sur le jugement, la critique et l'évaluation des employés est dépassé. Le leadership efficace consiste à traiter les gens de la bonne façon en leur procurant la direction et les encouragements qui leur permettront d'exceller. Si vous aidez vos effectifs à obtenir des notes parfaites, vous disposerez alors d'un système de gestion du rendement qui leur donnera envie d'épater vos clients. Fiers d'eux-mêmes, ils en voudront autant pour les autres. »

« On dirait bien que les nouveaux entrepreneurs ont tout à y gagner », dit Jud.

« Et comment ! affirma Nancy. Si vous traitez bien vos effectifs, ils se passionneront pour leur travail et votre entreprise. Leur passion s'étendra à vos clients tandis qu'ils feront tout en leur pouvoir pour bien les servir. Vos clients ressentiront cette passion et feront l'expérience d'un service exceptionnel, et vous en viendrez ainsi à les fidéliser. Les clients fidèles parleront de votre entreprise et de vos effectifs de manière élogieuse. Votre bonne réputation se propagera comme une traînée de poudre en une journée de grands vents ! Cela aura pour effet de redonner de la motivation à vos effectifs. En fin de compte, ce sont des effectifs passionnés et des clients fidèles qui procureront la réussite à votre organisation. Tout aura commencé par une vision et une direction stratégique, mais c'est dans la réalisation des objectifs et dans l'implantation des stratégies que le partenariat entrera en jeu. »

« Nous ne vous remercierons jamais assez, dit Jud. Pour ce qui est des moyens de prendre soin de nos effectifs, nous avons maintenant plein d'excellentes idées à mettre en pratique. »

CONSEILS MINUTE

- Les gens veulent aujourd'hui travailler en partenariat, et non selon une hiérarchie du sommet vers la base.

- Tout le monde devrait être encouragé à être un leader.

- Le système efficace de gestion du rendement aide les gens à réussir plutôt qu'à les évaluer et à les réprimander.

- La meilleure gestion englobe un encadrement quotidien qui souligne les bons coups et ramène les gens dans la bonne voie s'ils s'en écartent.

- Le travail, comme la vie, est une question de notes parfaites.

- C'est aux effectifs passionnés et aux clients fidèles que l'entreprise doit sa réussite.

Les problèmes d'ego

Au fil des ans, l'entreprise continua de prendre de l'essor. Terri en resta la présidente pendant quelques années. Toutefois, lorsque les enfants commencèrent à participer à des activités scolaires et périscolaires, il devint évident que Terri n'allait plus arriver à conjuguer ses principales responsabilités envers Alex et Elizabeth avec la supervision de la gestion de la JTA.

«Priorités aux priorités. Les enfants passent avant l'entreprise», se dirent Jud et Terri l'un à l'autre. Terri décida donc de quitter son poste de présidente, et en moins d'un mois la JTA avait un nouveau président et PDG, Forrest Oakes. Forrest avait travaillé comme consultant aux côtés de Jud et de Terri à commercialiser leurs produits et leurs services, et les avait impressionnés par sa grande expérience des affaires.

Linda, leur toute première employée et toujours directrice de l'exploitation, ainsi que plusieurs de leurs conférenciers associés avaient des réserves à l'endroit de Forrest. Ils reconnaissaient en lui un bon sens des affaires, mais pas les valeurs sur lesquelles Jud et Terri avaient bâti l'entreprise : un comportement éthique et des relations mutuellement satisfaisantes. Plutôt que de mettre l'accent d'abord sur la nécessité de bien faire les choses et de gagner le respect et la confiance de leurs effectifs, de leurs clients, de leurs fournisseurs et de la communauté, Forrest s'intéressa surtout à la valeur qui venait au troisième rang sur leur liste : la réussite. C'était un gars qui ne se préoccupait que des «résultats financiers». Étant donné que Jud et Terri se disaient que les finances de l'entreprise n'étaient pas leur plus grand atout, ils s'étaient dit que la JTA aurait besoin de cet intérêt marqué pour les finances. Résultat : ils ne tinrent aucun compte des inquiétudes de leurs effectifs.

En dépit des frais supplémentaires qu'engendrait l'ajout à l'équipe d'un nouveau directeur de l'exploitation, les nouveaux revenus que celui-ci rapportait à l'entreprise et la rémunération accrue de Jud excédaient ces frais. La cible de Forrest était claire – croissance, croissance, croissance – et le sort joua en sa faveur.

Jud s'adressait à un millier de propriétaires d'entreprises dans le cadre d'une conférence donnée à Dallas, et une rédactrice du *Wall Street Journal* se trouvait dans l'auditoire. Après avoir écouté l'exposé inspiré de Jud – « Alors, vous voulez vendre quelque chose ? » – la journaliste alla retrouver Jud pour l'interviewer en vue de la rédaction d'un article. Elle demanda à savoir comment il était devenu conférencier professionnel et le questionna en long et en large au sujet de sa philosophie professionnelle.

Lorsque l'article fut publié, des centaines d'appels inondèrent les lignes téléphoniques de l'entreprise. Cette réaction on ne peut plus positive indiquait manifestement que les commentaires de Jud avaient touché une corde sensible. Le prestige que la presse conférait à Jud se traduisit directement par une augmentation des affaires de la JTA. Forrest se réjouit de voir doubler, puis quadrupler, le nombre des demandes de formation et de matériel que l'entreprise recevait. Lorsque les commandes se mirent à excéder la capacité que la JTA avait de les remplir, au lieu de céder à la panique, Forrest prit le taureau par les cornes.

Jud oublia un conseil que Dirk lui avait donné au début de sa carrière, celui de rester humble. Il s'enticha de sa propre publicité et s'abandonna aux flatteries de Forrest. Jud se mit à se croire invincible.

Résultat : Jud se retrouva en constant déplacement. Il avait du mal à refuser la moindre invitation à prendre la parole en public. Il se mit à croire que, chaque fois que quelqu'un lui demandait de donner une conférence ou un séminaire de formation, c'était parce que la personne avait besoin de lui, personnellement, et Forrest renforçait chez Jud cette foi en sa propre importance. Forrest exigeait même des clients qu'ils passent prendre Jud en limousine.

Bien que Jud fût le principal conférencier de leur organisation, Forrest moussait également avec créativité leurs autres conférenciers, ainsi que le matériel didactique que la JTA avait développé. L'entreprise était en train de se changer en entreprise d'une taille beaucoup plus grande que ce dont Jud et Terri avaient pu rêver au début.

Lorsque Jud n'était pas en déplacement, il passait beaucoup d'heures au bureau, travaillant côte à côte avec Forrest à stimuler les affaires de l'entreprise. Son ambitieux président ne tarda pas à lui présenter son plan d'affaires ultime.

« Jud, la JTA et toi êtes maintenant reconnus dans le domaine de la formation et du perfectionnement. Nous avons plusieurs prétendants attrayants qui aimeraient que nous nous joignions à quelques autres entreprises du même domaine pour nous introduire en bourse. Le fait est que, si nous voulons continuer à grandir, nous avons besoin de plus de capital. Si nous nous préparons à nous introduire en bourse maintenant, tout nous sera possible à l'avenir. Terri et toi aurez besoin d'une brouette pour transporter tout l'argent que vous gagnerez. »

Cette image – ajoutée à la montée d'adrénaline que Jud éprouva en s'imaginant se tenir sur le parquet de la bourse de Wall Street le jour où leur introduction en bourse serait annoncée – poussa Jud encore plus.

Au cours des premières années de leur vie, Alex et Elizabeth avaient eu un père exemplaire. Il semblait toujours trouver le temps de jouer avec eux, et Terri et lui semblaient être des parents parfaits. Qu'ils arrivent à conjuguer vie de famille et vie professionnelle conjointe était une source d'inspiration pour d'autres. Cependant, tout cela sembla changer lorsque l'article du *Wall Street Journal* parut et que Forrest se mit à flatter l'ego de Jud. Pour Jud, il n'y avait plus maintenant que le travail qui comptait dans la vie.

Même si Jud aimait toujours Terri et les enfants, il les voyait de moins en moins. Avec Alex et Elizabeth à l'école, il ne fallut pas longtemps à Jud pour perdre de vue leur vie de tous les jours. Une rencontre avec les professeurs de manquée par-ci, un match de foot par-là, parfois même une fête d'anniversaire. Jud promettait sans cesse d'amener la famille en vacances, des promesses qu'il se sentait toutefois obligé de rompre la plupart du temps.

Dans une faible tentative pour passer plus de temps en compagnie de Terri, Jud s'engagea à mettre de côté une soirée par semaine pour qu'ils la passent en amoureux. Cet engagement se changea vite en farce. Ils prirent des mois de retard dans leurs rendez-vous de tourtereaux. Jud rompit tant de promesses et annula tant de rendez-vous avec Terri que celle-ci en vint à ne plus croire à ses promesses. Il y avait suspendue à la fenêtre conjugale de Jud l'enseigne «poste à pourvoir», mais Jud ne la voyait pas.

Il n'était pas rare que Jud obtienne la majeure partie de son sommeil à bord d'un avion. En fait, au cours d'une semaine particulièrement exigeante sur le plan des conférences, il prit la parole deux fois à Hawaii, entre des engagements à San Francisco, à Denver et à Boston. Ce voyage engendra de grands revenus, mais épuisa Jud. Lorsqu'il rentra à la maison, il dormit vingt heures de suite.

Lorsqu'il finit par se lever le lendemain matin, Terri lui versa un café et le supplia de ralentir le pas.

« C'est notre chance, chérie, d'obtenir tout ce qu'on a toujours voulu avoir. Il faut battre le fer pendant qu'il est chaud », lui dit-il.

« Jud, je m'inquiète pour toi, lui exprima Terri. Tu ne peux pas continuer comme ça. Et franchement, j'en ai assez de jouer au parent célibataire. Les enfants ne te voient presque jamais. »

« Je sais, mon cœur, mais maintenant que nos efforts nous rapportent enfin, je ne peux pas laisser des occasions nous filer entre les doigts. Sois patiente, je t'en prie. Notre heure viendra. »

Terri s'inquiétait non seulement pour Jud, mais aussi pour la JTA. Maintenant que les enfants commençaient le lycée, elle espérait s'engager davantage de nouveau dans l'entreprise. Cependant, l'atmosphère y avait changé. Elle en eut le premier indice lorsque Linda, leur employée de longue date, donna sa démission. Troublée, Terri lui téléphona pour en découvrir la raison. En cherchant à s'expliquer, Linda éclata en sanglots.

« Je vais vous écrire une lettre, lui dit Linda. Je suis simplement trop bouleversée pour parler en ce moment. »

Lorsqu'elle reçut la fameuse lettre, Terri s'assit et la lut lentement :

Chère Terri,

Je suis désolée de n'avoir pas pu vous parler l'autre jour, mais j'étais trop perturbée. J'ai fait partie de votre rêve, à vous et à Jud, depuis le tout début, et je suis tellement triste de voir qu'il scmble être en train de s'éteindre.

Forrest est un fou furieux. Il n'a que les mots vente et croissance à la bouche, et tous les moyens sont bons pour arriver à ses fins.

Forrest a complètement démoralisé le personnel. Il se contrefiche de tout le monde, seuls les chiffres comptent. Et le plus triste dans tout ça, c'est qu'il est parvenu à se faire imiter de Jud. L'entreprise n'a tout simplement plus les mêmes valeurs qu'au début. Je sais que le changement est inévitable, mais je crois que la JTA court au désastre avec Forrest à la barre.

Je sais que tout ça est difficile à entendre pour vous, Terri. Mais je vous aime et je vous respecte, et je suis plus triste que je ne saurais vous le dire.

Serrez bien fort Alex et Elizabeth pour moi. J'espère que vous arriverez à arracher Jud des griffes de Forrest.

Avec tout mon amour,

Linda

Lorsque Terri fit face à Jud par rapport à la lettre de Linda, Jud rejeta celle-ci du revers de la main.

« L'entreprise a simplement trop grandi pour Linda », déclara-t-il.

Terri n'en crut pas ses oreilles. Il lui sembla soudain qu'elle vivait sous le même toit qu'un étranger. Jud s'était abandonné à l'obsession des résultats à court terme. Malheureusement, il n'avait pas encore appris que toute force poussée à l'extrême risquait de devenir un handicap. Terri avait tenté de le convaincre de contacter Charlie ou Red, ou n'importe quel membre de leur conseil consultatif, mais il avait évité de le faire chaque fois. Chose incroyable, il ne répondait même pas aux appels téléphoniques de Charlie.

Plus l'entreprise prospérait, plus Jud travaillait dur. Il considérait tout problème comme un défi personnel à surmonter. Avec Forrest qui lui poussait constamment dans le dos, Jud devint complètement obsédé du boulot.

Un soir, il rentra à la maison après 21 h. Il trouva Terri assise seule dans la cuisine. Il l'embrassa dans la nuque et lui demanda : « Salut, ma belle, quoi de neuf ? »

Elle resta là, immobile pendant un instant, avant de se retourner sur sa chaise pour le regarder.

« Jud, je viens de rentrer du récital de danse de Elizabeth… seule. Et plus tôt ce soir, j'ai assisté à la cérémonie de remise des médailles des éclaireurs de Alex… seule. Savais-tu que Alex s'est fait une entorse à la cheville hier et qu'il ne pourra pas jouer au foot ce week-end ? Et que ma sœur a subi une mammographie suspecte cette semaine ? Et, oh, soit dit en passant, tu as raté notre dîner d'anniversaire de mariage hier soir. Je l'ai vraiment savouré… seule ! »

« Écoute, chérie… »

« Non, c'est à toi d'écouter, lui dit-elle avec la voix tremblotante. Je passe mon temps à attendre. Et j'en ai assez. Ce n'est pas le genre de vie à laquelle je me suis engagée. Tu vas bientôt devoir faire des choix graves, sans quoi un jour tu rentreras à la maison et elle sera vide. » Sur ce, Terri se leva de table, se rendit dans sa chambre et en referma doucement la porte.

Jud resta assis là, renversé, à se demander à voix haute : « Est-ce que c'est vraiment en train de m'arriver ? »

La mise en garde que Dirk lui avait faite de ne pas laisser son ego prendre le dessus lui revint en plein visage. Jud réalisa pour la première fois qu'il pouvait gagner la bataille – aider l'entreprise à s'introduire en bourse – et perdre la guerre – sa famille. Il eut du mal à se l'admettre, mais il prit soudain conscience que sa vie était tout ce qu'il y avait de plus déséquilibré. Il échouait dans son rôle de mari et de père. Cette prise de conscience s'accompagna d'un éclair aveuglant de l'évidence même : La réussite de vie ne se résume pas au fait d'avoir une carrière couronnée de succès. Elle se définit, en réalité, par le caractère exceptionnel de sa vie.

Lorsque Jud se glissa entre les draps ce soir-là, il serra Terri dans ses bras et lui murmura à l'oreille : « J'ai bien entendu ce que tu m'as dit, chérie. Je vais téléphoner à Charlie demain matin. Je me suis complètement gouré dans mes priorités. »

***

« C'est le moins qu'on puisse dire, lui confirma Charlie après que Jud lui eut raconté toute l'histoire. N'importe quel homme qui passe de dix à douze heures par jour au bureau – sans parler de tout le temps passé en déplacement loin de chez lui et de la négligence de tous ses autres engagements – est sur la mauvaise voie. Vous devez rééquilibrer votre vie. »

Charlie fit une pause afin de permettre à ses paroles de mieux pénétrer l'esprit de son interlocuteur. « Jud, vous courez aussi vite qu'un cheval de course et vous agissez de manière aussi entêtée qu'une mule. À moins que vous admettiez que l'appât du gain vous a fait complètement perdre les pédales, vous allez rentrer à la maison un jour et elle sera vide. Passez plus de temps avec votre femme et vos enfants, et faites plus attention à votre santé. Ramenez un équilibre dans votre vie ! »

« Qu'est-ce qui m'apporterait plus d'équilibre ? » lui demanda Jud.

« Ruth Peale, l'épouse de Norman Vincent Peale, a écrit un excellent livre il y a plusieurs années qui s'intitule *Secrets of Staying in Love*, lui répondit Charlie. Elle y dit qu'on peut tout avoir dans sa vie de couple si l'on garde ses priorités dans le bon ordre. Dieu vient en premier, le conjoint en deuxième, les enfants en troisième et ensuite le travail. Si elle fait passer la nécessité d'aimer son conjoint avant les enfants, c'est parce qu'elle croit que le meilleur moyen de montrer à ses enfants qu'on les aime consiste à aimer leur mère – ou leur père, selon le cas. Terri m'a dit qu'après le baptême des enfants, vous avez joué un rôle actif dans votre église. Vous vous êtes joint à un groupe de soutien pour hommes et avez commencé à aider à enseigner la classe de l'école du dimanche aux enfants de troisième année. Qu'est-il advenu de tout ça ?»

«J'ai tout balancé, et je n'en suis pas fier. Je suis devenu trop occupé pour accorder du temps à Dieu », lui répondit Jud.

« Votre père vous a pardonné de vous être attiré des ennuis avec Jacques «le Bolide», n'est-ce pas ?»

«Absolument», lui confirma Jud, se remémorant la nuit qu'il avait passée derrière les barreaux.

«Votre père céleste est comme lui, lui dit Charlie d'une voix dans laquelle un sourire se devinait. Il préférerait simplement être la première plutôt que la dernière personne vers qui vous vous tournez. Je me suis rendu compte que cela m'aidait beaucoup de prendre un peu de temps chaque matin pour lui dire de quoi je lui suis reconnaissant et lui faire savoir en quoi j'aurai besoin de son aide au cours de la journée. Quand notre ego se met en travers de notre chemin, nous mettons vraiment Dieu de côté sans même y prêter attention. »

«Je comprends parfaitement bien, lui dit Jud. Avez-vous des conseils à me donner par rapport à ma relation avec Terri ?»

«Certainement, lui répondit Charlie. Rentrez à la maison et dites à Terri que vous vous êtes comporté en imbécile et demandez-lui-en pardon. Ensuite, téléphonez-moi ensemble. »

***

«Je sais que vous en avez vu tous deux de toutes les couleurs dernièrement, indiqua Charlie à Terri et à Jud, qui l'écoutaient par le haut-parleur, et que vous avez les émotions à fleur de peau. Je n'ai pas de solutions magiques à vous proposer, mais j'ai quelques idées auxquelles vous pourriez réfléchir. Dites-moi, aimez-vous tous deux vos enfants?»

Ils lui répondirent: «Bien sûr que oui, Charlie.»

«Vous avez alors une excellente raison de rétablir la situation. N'oubliez pas que l'amour n'est pas une émotion, c'est une décision. Jud, voulez-vous que votre relation avec Terri fonctionne?»

«Bien sûr», lui répondit Jud.

«Et vous, Terri?» lui demanda Charlie.

«J'ai déjà été plus enthousiaste que dans les derniers temps, lui dit Terri, mais oui je le veux. Jud, je te considère encore comme mon mari et mon meilleur ami.»

«Ok, ce sont deux oui, affirma Charlie. La relation d'aide conjugale ne peut fonctionner que si les deux veulent qu'elle fonctionne. Il vous faut maintenant trouver un bon conseiller conjugal et vous engager à travailler à améliorer votre mariage jusqu'à ce que vous ayez le sentiment de l'avoir ramené dans le droit chemin.»

Cette fois-ci, le ton sérieux de Charlie assombrit sa jovialité.

Jud et Terri restèrent assis là, dans le silence le plus complet, pendant plusieurs minutes. Lentement, leurs mains s'unirent tandis que les paroles de Charlie résonnaient en eux. Ils s'entendirent pour aller chercher l'aide d'un conseiller conjugal et se mettre à travailler à leur mariage avec un regain d'énergie et d'intensité.

Jud reconnut également devant Terri que l'entreprise était, elle aussi, déséquilibrée et qu'il devait faire quelque chose pour en redresser la situation, de même que de mettre un terme à l'obsession qui les poussait Forrest et lui à introduire la JTA en bourse. Il accepta de téléphoner à Red O'Rourke pour lui demander de l'aide.

CONSEILS MINUTE

☞ La réussite à long terme ne se mesure pas uniquement au chiffre d'affaires à venir.

☞ Au travail comme à la maison, les relations peuvent se détériorer si on ne les nourrit pas.

☞ Une force poussée à l'extrême risque de devenir un handicap.

☞ Garde tes priorités en ordre.

☞ Travaille à équilibrer ta vie professionnelle avec le reste de ta vie.

☞ Recherche continuellement la sagesse de tes mentors.

Renverser la vapeur

Jud joignit Red dès sa première tentative. « Avant de nous rencontrer, insista Red après avoir entendu la raison pour laquelle Jud lui téléphonait, vous devez faire examiner les livres de la JTA par un vérificateur externe pour savoir quelle est la situation financière de l'entreprise. Je sais que Juan Escobar voudra que cela se fasse. Nous entretenons tous deux des doutes par rapport à certaines choses que Forrest Oakes a faites. »

Après que Jud eut mis Forrest au courant de la vérification des comptes, leur relation devint tendue. Les finances n'avaient jamais fait partie des forces, ni des sujets d'intérêt de Jud. Il avait confié toute cette dimension de l'entreprise à Forrest. En faisant intervenir un groupe externe pour vérifier les comptes, Jud mettait en question la manière dont Forrest avait fait les choses jusque-là, ce qui déplut fortement à Forrest. Leur relation toucha le fond lorsque la vérification des comptes fut achevée et que Red suggéra que le rapport qui en résultait soit présenté dans le cadre d'une assemblée publique à laquelle assisteraient Jud, Forrest, Terri, Juan et lui-même.

La réunion d'examen des chiffres commença sur une note tendue. Les résultats financiers démontraient que Forrest s'était montré imprudent en s'efforçant d'amener l'entreprise à s'introduire en bourse à tout prix. L'entreprise subissait un endettement inacceptable et les revenus n'excédaient plus les dépenses.

Après avoir passé les chiffres en revue, Juan se tourna vers Forrest. Forrest tenta de détourner le regard, mais Juan attendit patiemment l'occasion de capter son attention. Lorsque Forrest leva les yeux, Juan lui dit : « Si la JTA était une société anonyme par action et que je faisais partie de son conseil d'administration, je demanderais votre démission. »

Sur ce, la moutarde monta au nez de Forrest. Il se lança dans une tirade, se mit à hurler contre Jud et Terri en disant combien il les trouvait radins et dépourvus de perspicacité. Puis il quitta la salle comme un ouragan.

Une fois Forrest parti, Terri prit Jud par la main.

« Je crois que ce que nous avons vu et entendu ici aujourd'hui ne nous laisse plus qu'un seul choix, Jud, affirma Terri. Forrest doit partir. Et nous, nous devons revenir à la simplicité. »

C'est d'ailleurs précisément ce qu'ils firent. Red les aida à élaborer une indemnité de départ équitable pour Forrest, et leur conseil consultatif mit au point une stratégie pour ramener l'entreprise sur les rails.

Le jour suivant, Jud et Terri convoquèrent toute l'entreprise à une réunion destinée à annoncer le départ de Forrest. Ils n'en revenèrent pas de l'importance du regain d'énergie qu'ils constatèrent chez leurs effectifs lorsque ceux-ci apprirent qu'il était parti. De toute évidence, Linda avait eu raison au sujet de Forrest. Non seulement avait-il mal géré les finances de l'entreprise, mais il avait aussi malmené leur personnel. L'annonce du départ de Forrest suscita une ovation.

Voyant tout le monde s'engager à redresser la situation de la JTA, Jud et Terri firent une annonce spéciale.

« Comme le savent certains d'entre vous qui sont là depuis longtemps, l'entreprise a connu des problèmes de trésorerie au tout début. À l'époque, plusieurs d'entre vous nous ont aidés à renverser la vapeur. Exactement comme nous l'avons fait en ce temps-là, nous allons créer des groupes d'étude chargés de voir comment il nous serait possible d'augmenter nos ventes tout en réduisant nos coûts. Cette fois-ci – lorsque nous aurons rectifié le tir et que l'entreprise se sera remplumée –, nous voulons amener tout le monde à Hawaii pour célébrer. »

« Vous ne pourriez certainement pas faire ça si l'entreprise était devenue une société anonyme par action, leur dit Charlie en riant lorsque Jud et Terri l'informèrent ultérieurement de leur projet. Imaginez-vous en train d'expliquer à vos actionnaires une célébration à Hawaii. Une fois qu'une entreprise devient une société anonyme par action, il lui est difficile d'avoir la liberté d'agir au mieux, à son avis, des intérêts de ses effectifs – surtout si cela coûtera une petite fortune. »

« Nous en sommes maintenant conscients », dit Jud.

« Devenir une société anonyme par action, c'est la chose tout indiquée pour certaines entreprises qui ont besoin d'un capital accru afin de prendre de l'essor et d'acquérir une plus grande part du marché. Mais ce n'est peut-être pas la chose à faire dans le cas d'une entreprise de prestation de services personnels comme la vôtre. Souhaitez-vous recevoir mon conseil inestimable plutôt que mon conseil judicieux ? » leur demanda Charlie.

« Oui, nous voulons votre conseil inestimable », répondit Terri avec le sourire.

« En fait, je vais vous les donner tous les deux. Mon conseil judicieux : Ne demandez jamais conseil à qui que ce soit. Ce faisant, vous leur demandez de vous dire quoi faire. Vous ne voulez pas d'un mandat. Voici maintenant mon conseil inestimable : Demandez aux gens de vous donner leur opinion. Ainsi, vous recueillerez des renseignements qui vous aideront à prendre vous-même une décision éclairée. »

« Ok, nous voulons votre opinion, Charlie », affirma Jud.

« Ensuite, Jud, je vous recommanderais de vous sortir de la tête cette idée de faire de votre entreprise une société anonyme par action. Et Terri, recommencez à vous engager dans l'entreprise et faites-lui prendre de l'essor au fil du temps. La JTA est en mesure de vous procurer tout ce que vous pourriez souhaiter obtenir d'une entreprise. De plus, elle vous donnera le temps nécessaire à une vie équilibrée. Le rabbin Kushner, auteur de *When Bad Things Happen to Good People*, m'a dit un jour que depuis tout le temps qu'il était rabbin il n'avait jamais entendu personne à l'article de la mort dire : "J'aurais dû passer plus de temps au bureau." Tous les gens avec qui il s'était entretenu lui avaient dit avoir souhaité passer plus de temps avec leurs êtres chers. »

« Vous avez bien raison, dit Jud. D'autres pensées à nous communiquer ? »

« Oui, lui répondit Charlie. Essayez de substituer la patience stratégique à la gestion de crises. Vous êtes maintenant sur la bonne voie. Vous n'avez plus qu'à continuer de faire la bonne chose, un jour à la fois. »

Jud et Terri remercièrent Charlie pour son conseil inestimable. Ils décidèrent d'un commun accord de laisser tomber l'idée de faire de l'entreprise une société anonyme par action et s'engagèrent à faire grandir graduellement l'entreprise. Ils avaient réalisé qu'ils devaient non seulement rester financièrement à flot, mais aussi prendre continuellement soin de leurs clients, ainsi que de regagner la foi et la confiance de leurs effectifs. Ils élaborèrent un échéancier qui allait leur permettre de garder Red et Juan au courant des finances de l'entreprise, de même que Lou et Nancy des questions relatives à leurs clients et à leurs effectifs.

Dans un grand effort de développement positif, Jud et Terri eurent l'idée de génie de demander à Jeremy Britton de se joindre à eux à titre de directeur général de l'entreprise. C'était un vieux copain de Jud – ils avaient joué au football ensemble au lycée – et il lui avait servi de témoin à leur mariage. Jeremy avait toujours eu l'admiration et la confiance de Terri. Il était prudent et fiable, mais savait néanmoins se montrer curieux et s'adapter si nécessaire. Il avait bien réussi en tant que gérant dans les secteurs de l'hospitalité et des soins de santé. Par ailleurs, Jud et Terri s'étaient dit qu'il s'harmoniserait parfaitement avec la culture de l'entreprise. Ils savaient que la capacité qu'avait Jeremy de résoudre des problèmes les remettrait sur les rails.

Avant d'accepter de se joindre à Jud et à Terri, Jeremy prit un congé pour venir se familiariser avec la JTA, interviewer tous les employés et se faire une idée des défis qu'il serait susceptible d'avoir à surmonter. Par la suite, il s'assit avec Jud et Terri pour discuter avec eux de ses conclusions.

« Comme vous le savez certainement tous deux, l'entreprise fait face à deux grands problèmes, leur dit Jeremy. Premièrement, les liquidités sont faibles et l'endettement est grand. Il faudra inverser les choses. Deuxièmement, le moral des effectifs en a pris pour son rhume sous la direction de Forrest Oakes, et vous devrez faire certaines choses pour réparer les torts causés. Heureusement, vous avez des entrées de fonds régulières et certaines bonnes stratégies d'implantées qui vous permettront de commencer à régler les problèmes qui se posent. »

« Nous avons beaucoup de chemin à faire », reconnut Jud.

« Mais vous êtes bien partis, leur dit Jeremy avec le sourire. Vos effectifs sont ravis de vous voir reprendre les rênes de l'entreprise. »

« Mais nous faisons encore face à des défis de taille », affirma Jud.

« Vous sentez-vous capable de relever le défi de nous venir en aide, Jeremy ? » demanda Terri.

« Je trouve votre entreprise fascinante. Je sais que vous offrez à beaucoup de gens le genre de conseils en matière de vente et de croissance personnelle qui leur sont utiles dans leur vie privée et dans leur carrière. Et je trouve que vous avez des effectifs exceptionnels. Je ne vois pas avec qui d'autre je préférerais travailler qu'avec vous deux », répondit Jeremy.

Sur ce, Jud, Terri et Jeremy se serrèrent dans les bras les uns des autres.

CONSEILS MINUTE

☞ Il vaut mieux implanter avec patience une stratégie d'entreprise solide que d'en forcer la croissance avec imprudence.

☞ Le mauvais leader risque de te faire emprunter une direction dans laquelle tu ne veux pas t'engager.

☞ Le bon leader, lorsqu'il intervient au bon moment, peut contribuer à faire emprunter la bonne direction.

Assembler le puzzle

Avec un bon coup de main de la part de Jeremy, Jud et Terri passèrent les quelques années qui suivirent à mettre en pratique tout ce qu'ils avaient appris auprès de Red et de Juan en matière de finances, ainsi que les conseils qu'ils avaient reçus de la part de Lou et de Nancy pour ce qui est de fournir un service légendaire et d'aider leurs effectifs à voler bien haut comme les aigles. Les résultats qu'ils obtinrent dépassèrent leurs plus grands espoirs.

Jeremy parvint exceptionnellement à implanter les recommandations des groupes d'étude que Jud et Terri avaient formés. Il insistait continuellement sur la nécessité pour chacun au sein de l'organisation de savoir à quel point il était important que les ventes excèdent les dépenses et que les créances soient réduites. Toutefois, il réalisa également qu'il était impossible de prospérer simplement en réduisant les coûts. Il insistait donc sur le fait que, même si tout le monde devait faire preuve d'un bon jugement et rester maître des finances, tous devaient aussi mettre l'accent sur les ventes.

Jeremy incitait tout le monde, et non uniquement les vendeurs, à rechercher de nouvelles opportunités susceptibles d'accroître les revenus de l'entreprise. Ce qui impressionna tout le monde, c'est l'exemple que donnait Jeremy.

Jeremy trouva une nouvelle source de revenus : il contacta un copain d'université, Matt Rhoads, qui était devenu le PDG de la LJF Corporation, une des sociétés de restauration les plus grandes du pays. Matt dirigeait la société avec brio, mais il prit conscience que, pour demeurer concurrentielle, la LJF allait devoir innover davantage. Discernant en cela une opportunité mutuellement avantageuse, Jeremy travailla en étroite collaboration avec Matt pour devenir le fer de lance de la formation de «l'Université LJF».

Le programme de cette «université», enseigné sur le site intranet de la société, mettait l'accent sur l'entrepreneuriat. Le programme fut conçu dans le but d'amener les employés de la LJF à assumer de nouvelles initiatives et à convaincre des gens d'y adhérer. En gros, il s'agissait d'un moyen de promouvoir la pensée entrepreneuriale novatrice au sein d'une grande entreprise. Le programme reposait sur les principes suivants :

1. Les entreprises doivent sans cesse innover. Sans innovation, elles ont tendance à faire ce qu'elles ont toujours fait et à risquer de s'enliser et de se faire distancer par la concurrence.

2. Pour qu'une entreprise gagne du terrain, elle doit puiser dans l'esprit de chacun des membres de son équipe. Elle doit beaucoup s'y consacrer.

3. Pour que toute initiative soit couronnée de succès, il est absolument essentiel d'amener les membres de l'équipe à s'engager à la faire réussir.

4. Si une entreprise souhaite que ses effectifs pensent comme des entrepreneurs, il est nécessaire qu'elle les tienne bien informés de ses processus et de sa vision, ainsi que de l'incidence que ces processus et cette vision ont sur les profits et les pertes.

5. Les dirigeants doivent fournir aux membres de l'équipe tout ce dont ceux-ci ont besoin pour se motiver eux-mêmes et prendre l'initiative de réussir.

6. Les entreprises doivent récompenser la créativité de leurs effectifs.

7. Si une certaine initiative est le propre d'un membre de l'équipe, il ou elle devrait assumer toutes les dimensions de sa réussite.

8. Les entreprises doivent encourager la débrouillardise et un mode de pensée non conventionnel.

9. Tous les leaders doivent continuellement se concentrer sur les besoins des clients, ainsi que sur les moyens de les satisfaire et de les surpasser.

10. Les leaders et les gestionnaires doivent travailler à maximiser l'engagement des membres de l'équipe dans le cadre de toutes les initiatives clés afin de puiser dans l'intellect collectif de l'équipe.

Lorsque Jeremy présenta les lignes directrices à Matt, de la LJF, il l'encouragea à former un groupe de travail constitué de quatre ou cinq gestionnaires avant-gardistes capables d'approfondir chaque ligne directrice afin de veiller à ce qu'elle corresponde bien à la réalité de la LJF.

«Chaque fois que vous donnerez aux acteurs clés des occasions de prendre part à la paternité d'une œuvre, ils y adhéreront avec une plus grande résolution et une plus grande détermination», lui dit Jeremy.

Le plan de match fonctionna. La société de restauration se mit à innover et à grandir à pas de géant. Matt Rhoads attribua les revenus et les profits accrus à l'initiative que la JTA avait formulée pour la LJF et à l'étroite collaboration qu'il avait développée avec Jeremy Britton. Résultat : La JTA grandit aussi, beaucoup.

Afin de favoriser une culture axée sur le service qui accroisse la prévenance et l'aptitude à réagir chez tout le monde, Jud, Terri et Jeremy décidèrent d'éliminer le Programme de l'employé du mois, qui faisait partie de la culture de la JTA depuis des années. À sa place, ils instaurèrent un Programme de l'employé du moment. Chaque fois que l'on – soit un client externe, soit un client interne – voyait quelqu'un excéder son appel à servir un client, on célébrait immédiatement cette réussite. On créa ainsi un nid d'aigles dans lequel des associés, armés d'appareils photos, se tenaient prêts à photographier des aigles en plein vol. On créa un Mur des célébrités sur lequel on affichait des histoires et des photos illustrant les associés de la JTA en train de faire de leurs clients des inconditionnels de leur service. Une personne pouvait apparaître sur le Mur des célébrités autant de fois qu'elle le méritait, sans restriction.

Afin d'aider les gens à voler bien haut comme les aigles, le système de gestion du rendement de la JTA fut transformé en un système de partenariat favorisant le rendement. On enseigna à chaque dirigeant les principes fondamentaux de l'encadrement de manière à ce qu'ils soient en mesure d'établir des normes de rendement et des objectifs clairs, de faire l'éloge des progrès et de rectifier le tir si nécessaire. La « gestion spontanée » devint un mode de vie. De plus, les dirigeants étaient tenus de rencontrer en tête-à-tête, toutes les deux semaines, chacune des personnes relevant de leur direction. Ces rencontres ne duraient que de quinze à trente minutes, mais elles permettaient aux employés d'informer leurs supérieurs de leurs progrès et de leur demander toute aide supplémentaire susceptible de leur être nécessaire. Cela permettait aux deux membres du partenariat – le dirigeant et la personne étant sous sa direction – de se tenir au courant de l'avancement des choses.

Résultat : les évaluations de rendement ne réservaient plus de surprise. Ces discussions en fin d'année consistaient en réalité à passer en revue tout ce dont les partenaires – les dirigeants et les personnes sous leur direction – avaient discuté tout au long de l'année. Chaque partenaire avait pour objectif de dynamiser les gens de sorte qu'ils en viennent à endosser la résolution des problèmes, plutôt qu'à attendre que leurs supérieurs leur disent quoi faire.

Il fallut plusieurs années pour implanter tous ces efforts, qui produisirent non seulement de grands résultats financiers, mais aussi un milieu de travail qui fit l'envie d'autres entreprises. Lorsque Jud et Terri regardèrent leurs chiffres de fin d'exercice financier, ils eurent une même pensée.

« Te rappelles-tu, il y a trois ans, quand on a dit qu'on amènerait tout le monde à Hawaii une fois qu'on aurait sorti l'entreprise de l'impasse financière dans laquelle elle se trouvait ? demanda Jud. Je crois que l'heure est venue de tenir promesse. »

« Tout à fait ! » lui dit Terri.

Comme Jeremy était lui aussi de cet avis, ils prirent les arrangements nécessaires. Au mois de février suivant, tous les associés de la JTA allèrent passer quatre jours à Maui pour célébrer la remise sur les rails de l'entreprise. Le dernier soir, ils retinrent les services d'un groupe de musiciens local qui se produisit dans le cadre d'un banquet d'au revoir en plein air. Tout le monde dansa pieds nus dans le sable. En fin de soirée, le chef du groupe fut ébahi par l'énergie de son auditoire à tel point qu'il déclara depuis l'estrade : « J'ignore ce que vous faites dans la vie, mes amis, mais n'y changez rien. Vous devez être à votre place ! »

Avec la JTA de retour sur les rails, Jud et Terri se mirent à investir une partie de leur énergie à l'amélioration de leur propre situation financière, en réponse à l'un des conseils inestimables de Charlie.

« Maintenant que vous avez stoppé l'hémorragie de la JTA, le temps serait bien choisi pour commencer à vous concentrer sur vos propres rêves financiers, leur dit Charlie. Au cours de la crise financière que vous venez de traverser, vous avez découvert combien il importe d'entretenir de bons rapports avec les banques. »

« C'est bien vrai, dit Jud. Le rétablissement de l'entreprise nous a aidés à mieux dormir, parce que tout notre argent y était investi. »

« Une des choses qui vous ont sauvés tous deux, c'est que vous ne souffriez pas du "syndrome du grand besoin" dont tant de gens sont atteints, leur dit Charlie. Ils achètent trop de style de vie, et ensuite leur valeur nette accuse une croissance minimale. Vous devez surveiller les coûts reliés à votre style de vie. »

« Quel est le meilleur moyen d'y parvenir ? » demanda Terri.

« Par la planification, répondit Charlie. Le meilleur conseil que Gloria et moi ayons reçu nous a été prodigué tôt dans notre mariage. Notre pasteur nous a conseillé de mettre chaque mois 10 p. cent de notre revenu dans un compte d'épargne, et ensuite de donner un autre 10 p. cent à des œuvres de bienfaisance et à d'autres organisations caritatives. Il nous a dit que, si nous apprenions à vivre avec 70 à 80 p. cent de notre revenu, nous serions riches un jour. »

« Vous croyez donc au bien-fondé de la dîme » lui demanda Jud.

« Certainement, répondit Charlie. J'ai déjà entendu parler Sir John Templeton, un des plus grands investisseurs financiers de notre époque. Il a dit à tout le monde qu'un des meilleurs conseils financiers qu'il avait jamais donné à qui que ce soit, c'était de payer sa dîme. Il était d'avis que l'on ne devrait jamais attendre d'avoir beaucoup d'argent pour donner sa dîme. Faites-en une habitude mensuelle, aussi faible votre revenu puisse-t-il être.

« Templeton a déclaré n'avoir jamais rencontré personne qui ait donné une dîme d'au moins 10 p. cent de son revenu pendant dix ans, continua Charlie, sans que sa générosité lui soit rendue dix fois. Quand on se donne la peine de venir en aide aux autres, on reçoit immanquablement plus en retour. »

« Avez-vous des exemples concrets à nous donner, des exemples tirés de la vraie vie ? » demanda Jud.

« Oui. Paul J. Meyer, entrepreneur et auteur célèbre, et son épouse, Jane, me viennent immédiatement à l'esprit. Ils donnent en dîme environ 70 p. cent de l'argent qu'ils gagnent. Ça n'a pas toujours été le cas. Après avoir déterminé de combien d'argent ils pensaient avoir besoin pendant le reste de leur vie – en plus de ce qu'ils souhaitaient donner à leurs enfants et à leurs petits-enfants –, ils se sont engagés à donner tout excédent à de bonnes causes. Ils ont commencé par 15 à 20 p. cent, mais ils en sont maintenant rendus à presque 70 p. cent, en raison de tout l'argent qu'ils reçoivent, parce que leur générosité leur est rendue dix fois, qui excède leurs besoins. »

« C'est fascinant », dit Terri.

« Truett Cathy en est un autre exemple, dit Charlie. C'est le fondateur de Chick-fil-A. Un jour, je l'ai entendu dire durant un discours qu'il aurait souhaité que le Seigneur ne lui fasse pas la promesse de lui rendre sa générosité, parce que plus il donnait, plus il recevait – ce qui fait que la gestion de sa grande organisation caritative lui imposait maintenant des responsabilités toujours accrues. »

« Recommandez-vous donc de donner de l'argent ici et là ? » demanda Jud.

« C'est à vous de choisir, leur dit Charlie avec le sourire. Rappelez-vous qu'il s'agit ici d'un conseil "inestimable".

Mais cette question a rapport avec la dernière chose que j'ai apprise auprès de Sheldon Bowles.»

«Je me rappelle que Sheldon encourageait les entrepreneurs à *tabler sur leur passion* et à trouver des gens disposés à *payer pour leur passion*. Si vous ne faites pas ce que vous aimez faire, vous ne travaillerez jamais assez dur pour devenir le meilleur, dit Jud. Et si personne n'est disposé à vous payer pour que vous fassiez ce que vous aimez faire, vous n'aurez qu'un passe-temps, et non une carrière.»

«Sans oublier la nécessité de *rentabiliser sa passion*.»

«Oui, acquiesça Jud. Il faut trouver des moyens de créer de nouvelles sources de revenus à partir de ce qui nous passionne déjà.»

«Vous avez certainement bien fait dans ce domaine-là, tant sur le plan individuel que collectif au sein de votre entreprise, dit Charlie. Vous avez beaucoup d'effectifs qui aiment vraiment ce qu'ils font et qui se font payer pour le faire. Et vous vous êtes montrés créatifs et débrouillards dans votre recherche de nouveaux moyens d'accroître votre revenu découlant de votre société de conférences.»

«Merci, lui dit Jud avec le sourire. Maintenant, arrêtez de nous faire languir. Quelle est la dernière chose que vous avez apprise auprès de Sheldon?»

«Nous en parlons déjà : transmettre la prospérité au moyen de sa passion. C'est ce que Sheldon appelle le test de la prospérité perpétuelle : pour vraiment réussir dans la vie, il faut aider les autres. Le fait de venir en aide aux gens n'implique pas seulement les gains financiers issus de sa prospérité, mais aussi le don de son temps et de ses talents. Servir de mentor à des gens est un moyen de transmettre ce que l'on a reçu d'autres personnes chemin faisant.»

Cette conversation donna à Jud le sentiment d'avoir bouclé la boucle. Il était passé du jeune homme fauché mais très ambitieux à sa sortie de l'université à l'entrepreneur prospère.

Pourtant, dans un sens, il se sentait encore insatisfait. Ce constat l'amena à réfléchir à la fragilité et aux questions plus importantes de la vie, comme la nécessité de laisser un héritage susceptible d'en influencer d'autres de manière positive.

Remarquant l'air pensif de Jud, Charlie lui dit : «À quoi pensez-vous ?»

« Je me demandais quel genre d'héritage Terri et moi pourrions laisser derrière.»

« C'est intéressant que vous en parliez, dit Charlie. Bob Buford, dans son livre intitulé *Halftime*, indique que nous en venons tous un moment donné à vouloir passer de la réussite dans la vie au sens à donner à notre vie, moins recevoir et donner plus. Je crois que c'est là ce qui définit un héritage.

«C'est certainement là où Terri et moi en sommes rendus», lui dit Jud.

«Tout le monde laisse un héritage, affirma Charlie, qu'on le veuille ou non. Les gens qui sont plus intentionnels dans ce domaine laissent généralement derrière eux un meilleur héritage. Tout ce que vous êtes et tout ce que vous possédez aujourd'hui, bon ou mauvais, sera transmis à ceux qui viendront après vous – non seulement vos biens monétaires, mais aussi vos croyances et votre philosophie de vie. L'héritage que vous laissez est l'héritage que vous vivez.»

«Comment Terri et moi pouvons-nous nous montrer plus intentionnels par rapport à l'héritage que nous laisserons ?» demanda Jud.

«Vous devez apprendre ce qu'est la véritable prospérité, lui dit Charlie. Les riches ne forment pas un gâteau d'une certaine taille que l'on peut se diviser en tranches définies. Ce gâteau ne cesse de grossir en fournissant des produits et des services aux autres. Chemin faisant, soit que vous ajoutiez de la valeur à ce qui est déjà là, soit que vous créiez quelque chose de nouveau. En aidant les autres à prendre conscience de leur potentiel, il se pourrait bien que vous fassiez des exploits! Il en résultera un gâteau beaucoup plus gros, et certaines tranches vous reviendront probablement. Comme je l'ai mentionné plus tôt, quand vous venez en aide à quelqu'un, vous en recevez souvent plus en retour. Il s'agit de favoriser un esprit d'abondance, plutôt qu'un esprit de rareté.»

Cette conversation avec Charlie amena Jud et Terri à se concentrer sur la nécessité pour eux de transmettre ce qu'ils avaient reçu. Au sein de leur entreprise, cela se concrétisa de deux façons. Premièrement, ils mirent sur pied un programme de partage des gains: ils prenaient 10 p. cent de leurs profits annuels et le répartissaient en parts égales entre tous leurs effectifs. Chaque mois, le bilan était partagé de sorte que chacun puisse savoir comment il se débrouillait et ce qu'il faudrait faire pour accroître la tranche de gâteau de tout le monde.

Ils prirent également un autre 10 p. cent de leurs profits et le rendirent à leurs employés afin qu'ils le donnent aux œuvres caritatives de leur choix. Les seules conditions à satisfaire étaient que l'œuvre caritative soit habilitée à émettre des reçus pour dons de bienfaisance et que les dons des effectifs ne soient pas destinés au fonds d'administration générale, mais plutôt à un projet spécifique. Ainsi, les effectifs étaient forcés de s'investir dans la cause caritative de leur choix.

Deuxièmement, ils créèrent le programme JTA pour Autrui, un groupe caritatif auquel les effectifs pouvaient faire des contributions au moyen de déductions mensuelles à la source et diverses activités de levée de fonds. C'étaient les employés qui choisissaient les œuvres caritatives sur lesquelles le groupe JTA pour Autrui se concentrait. Les dons étaient versés à une grande variété de nobles causes, y compris les secours en cas d'ouragan, la préservation de l'environnement, l'aide apportée aux indigents, les soins médicaux offerts aux gens en crise financière et les fonds de voyage pour les associés qui devaient aller retrouver un proche malade, blessé ou en difficulté.

Le chef des ressources humaines se fit confier un «fonds de l'ange» à répartir entre les associés lorsque les circonstances l'imposaient. Jud envoyait des messages électroniques à tous les effectifs pour leur signaler qu'une personne souffrait et leur demander de lui envoyer amour et prière. La JTA devint une véritable organisation familiale, et cela, de plusieurs manières.

CONSEILS MINUTE

☞ Pour vivre une vie heureuse et satisfaisante, sois généreux de tes biens, de ton temps et de tes talents.

☞ Donner peut s'avérer beaucoup plus gratifiant que recevoir.

☞ Nous laissons tous un héritage. Montre-toi intentionnel dans ton désir de faire une différence positive dans la vie de tes proches.

☞ Qui sait ce qui sortira de bon de l'aide ou du pardon que tu accorderas à quelqu'un.

Bâtir un héritage

Jud et Terri se rendirent compte que Charlie avait raison. Lorsque vous donnez aux autres, cela vous est rendu au centuple. La JTA continua de grandir et de prospérer au fil des ans. Elle fut choisie parmi les meilleures entreprises pour lesquelles travailler, et chemin faisant gagna l'attention de Alex et de Elizabeth, les enfants de Jud et de Terri devenus grands, et ayant tous deux terminé l'université et intégré le marché du travail. Alex avait étudié en hôtellerie et travaillait maintenant dans l'industrie de l'hospitalité. Elizabeth, qui avait toujours été une carte de mode, travaillait dans l'industrie du prêt-à-porter au détail.

Lorsque Jud et Terri, qui étaient maintenant plus engagés l'un envers l'autre et plus amoureux que jamais, se rendirent compte de la possibilité que leurs enfants soient intéressés à se joindre à l'entreprise, ils décidèrent de former un conseil familial. Ce dernier allait se composer d'eux-mêmes, de Alex et de Elizabeth, et de Jeremy, qui était devenu comme un membre de la famille et qui occupait maintenant le poste de président et de directeur de l'exploitation de l'entreprise. Ils retinrent les services d'un consultant, Jim Elder, qui travaillait auprès d'entreprises familiales depuis plus de vingt ans, afin qu'il leur accorde au moins un jour par trimestre.

Lorsque Jim Elder commença à travailler avec la famille, il interviewa chacun des cinq membres du conseil familial. Il termina par Terri et Jud.

« Je vais vous poser la question la plus difficile à laquelle les fondateurs d'une entreprise familiale puissent répondre.

Souhaitez-vous que Alex, Elizabeth et Jeremy deviennent propriétaires de l'entreprise, qu'ils y travaillent ou non ?»

«Pourquoi nous demandez-vous ça ?» l'interrogea Jud.

«Parce que c'est là un des plus grands problèmes auquel je dois faire face quand je travaille auprès d'une entreprise familiale. Les membres de la famille et les amis intimes occupent des postes pour lesquels ils n'ont pas ce qu'il faut, simplement pour en rester propriétaires. La possession et la gestion d'une entreprise devraient être deux choses séparées. Si Jeremy, Alex et Elizabeth deviennent propriétaires, il faudrait leur verser les profits auxquels ont droit tout propriétaire, peu importe la part qu'ils jouent dans l'entreprise. Si Alex et Elizabeth décident d'assumer des postes de direction, ils devraient recevoir un juste salaire pour leurs fonctions, en plus de leurs actions. Cette façon de fonctionner a tendance à concentrer le mieux possible l'énergie de toutes les personnes concernées sur les moyens pour elles de contribuer à la réussite de l'organisation. Peu importe ce qu'elles font, même si elles ne prennent aucunement part à l'exploitation de l'entreprise, leurs titres de propriété sont protégés.»

C'est précisément ce que Jud et Terri décidèrent de faire. Au début, ils cédèrent graduellement 19,5 p. cent de leurs titres de propriété à Alex et à Elizabeth, et 10 p. cent à Jeremy. Au fil du temps, tandis que tout le monde réalisait que Jeremy était un partenaire de longue date, les enfants allèrent voir Jud et Terri pour leur demander d'accorder à Jeremy le même statut qu'à eux. Les cinq membres du conseil familial en vinrent ainsi à posséder 20 p. cent de l'entreprise chacun.

Se révélant en fin de compte être le digne fils de son père, Alex devint un excellent conférencier et expert en motivation. Elizabeth, qui, comme sa mère, réussissait mieux dans le domaine de l'exploitation, ne tarda pas à assumer la direction du service des ventes.

Des années plus tard, Jud et Terri célébrèrent tranquillement leur quarantième anniversaire de mariage en s'adonnant à l'un de leurs passe-temps préférés : s'occuper de leur petit-fils, Kevin. Ils passèrent la soirée confortablement installés dans leurs fauteuils devant le foyer tandis que Kevin s'amusait avec des cubes sur la moquette à leurs pieds. En repensant à leurs quarante dernières années de vie, ils discutèrent de tout le chemin que leur aventure entrepreneuriale leur avait fait parcourir.

« Nous sommes tellement bénis, déclara Jud, mais notre réussite n'aurait jamais pu se concrétiser sans que tant de mentors jouent un rôle clé dans notre vie. »

« Tu as raison », lui affirma Terri.

« Tu te rappelles mon vieux copain du lycée, Jacques "le Bolide" ? Quand j'y repense, je me dis que je lui dois une fière chandelle en changeant ma vie du tout au tout, lui déclara Jud en riant. Quand je me suis retrouvé pris dans la voiture de Jacques avec de la marijuana, j'ai pensé que c'était la fin du monde. Aujourd'hui, je suis heureux que ce soit arrivé, parce que cet incident m'a enseigné tellement de choses. Il a changé le cours de ma vie. Dans un sens, "le Bolide" a été mon premier mentor. »

« Personnellement, je voterais pour Dirk Gardner, lui dit Terri. Après tout, c'est lui qui a lancé ta carrière de conférencier et de vendeur. »

« C'est bien vrai, lui répondit Jud, mais le meilleur mentor de tous, c'est le Charlie "Tremendous" Jones toujours disponible, toujours généreux et toujours attachant qui nous a réunis. Il semble toujours avoir le bon conseil à prodiguer au bon moment. »

Ils continuèrent d'évoquer le souvenir qu'ils gardaient des gens qui avaient influencé le plus leur vie d'entrepreneurs. Ils résolurent ensemble de ne jamais oublier Harris Palmer, l'ami de Charlie, qui leur avait fourni le conseil fondamental qui en était venu à guider chacune de leurs décisions d'affaires :

- Au bout du compte, vos ventes doivent excéder vos dépenses.

- Recouvrez vos créances.

- Prenez soin de vos clients.

- Prenez soin de vos effectifs.

Ils se sentaient privilégiés que Red O'Rourke et Juan Escobar aient compris l'importance des REVENUS, REVENUS, REVENUS. Ils se rappelèrent la manière dont Lou Stafford leur avait enseigné que le service légendaire est un choix qui commençait par des Moments de vérité. Ils parlèrent de l'importance qu'avaient eue les remarques de Nancy Kaline quant au fait que les effectifs ne sont pas des subalternes, mais plutôt des partenaires, et que l'on ne peut s'attendre à ce que les effectifs prennent soin des clients si l'on ne crée pas un milieu leur permettant d'utiliser leur cervelle au travail, d'agir comme des propriétaires et de voler bien haut comme les aigles.

Tandis qu'ils passaient en revue tout ce qu'ils avaient appris, Jud et Terri s'engagèrent à continuer de servir de mentors à Alex et à Elizabeth, ainsi qu'à venir en aide à d'autres jeunes gens qui avaient le courage de tirer avantage du système de libre entreprise qui servait de fondement à l'économie mondiale. Ils travaillaient d'une passion commune à encourager ceux qui étaient prêts à sortir des sentiers battus et à courir le risque de devenir entrepreneurs.

« Ce n'est pas toujours facile, déclara Jud, et il importe que les gens sachent que la vie de l'entrepreneur consiste à réussir un pas à la fois. »

« Oui, en effet, acquiesça Terri. Charlie a eu raison de nous dire que nous devions substituer la patience stratégique à la gestion de crises. »

« Et comment ! reconnut Jud. Il nous a dit que nous faisions tout correctement. Il nous fallait simplement continuer dans la même voie, un jour à la fois. »

« Certains jours, on aurait dit qu'il fallait se contenter d'une minute à la fois ! » se rappela Terri en riant.

« Tu peux le dire, affirma Jud, mais Rome ne s'est pas bâti en un jour, pas plus qu'une entreprise florissante. »

« Un mariage réussi non plus, quant à ça », ajouta Terri avec ironie.

Jud laissa échapper un rire, quitta son fauteuil et alla embrasser sa femme. Leur petit-fils les regarda faire et poussa un cri. Au fil de leur conversation de quelques minutes, il avait empilé un nombre extraordinaire de cubes.

« Regarde, lança Terri, en pointant du doigt la création de son petit-fils. Il a déjà pris le tour de construire des trucs. »

« Donne-lui vingt ans de plus et il se pourrait bien qu'il devienne entrepreneur, occupé à bâtir sa propre entreprise prospère », déclara Jud avec fierté.

Terri sourit à son petit-fils. « Bon travail, Kevin. Continue de construire, une minute à la fois, un cube à la fois ! »

LES 20 PLUS GRANDS ATTRIBUTS
DE TOUT ENTREPRENEUR PROSPÈRE

Voici la liste des 20 plus grands attributs
que l'on reconnaît à tout entrepreneur prospère
dans le présent livre :

1. *La débrouillardise*
2. *La volonté de réussir*
3. *La concentration*
4. *La prise de risques*
5. *La résolution de problèmes*
6. *Le sens de la vente*
7. *Un esprit visionnaire*
8. *L'optimisme*
9. *Le sens du leadership*
10. *L'ambition*
11. *L'innovation*
12. *L'intégrité*
13. *L'adaptabilité*
14. *La communication*
15. *La motivation*
16. *La stratégie*
17. *L'esprit d'équipe*
18. *La détermination*
19. *La curiosité*
20. *L'équilibre*

Pour réaliser une évaluation gratuite et voir dans
quelle mesure vous possédez chaque attribut clé, allez
sur le site www.estrengths.com (en anglais seulement).

Remerciements

Les auteurs d'un livre comme celui que vous avez entre les mains ne sont pas les seuls à l'écrire. Des mentors comme Charlie «Tremendous» Jones et Sheldon Bowles entrent dans votre vie pour contribuer à influencer votre pensée. C'est certainement ce que Ethan Willis a fait pour nous grâce à son questionnaire des forces de l'entrepreneur et sa passion pour le développement d'entrepreneurs prospères.

Nous avons continué de recevoir de merveilleuses informations au sujet de la vie et du travail de la part de conférenciers et d'auteurs exceptionnels comme Ken McFarland, Bill Gove, Zig Ziglar, Peter Drucker, Cavett Robert, Brian Tracy, Stephen Covey, Harvey Mackay, Patrick Lencioni, Wayne Dyer, Jim Collins, Jim Rohn, Mark Sanborn, Suze Orman, Tom Peters, Tom Landry, Phil Hodges, Rabbi Harold Kushner et Jan Carlzon.

Sans l'encadrement de Paul Hersey, Ken ne serait jamais parvenu là où il en est rendu aujourd'hui. Leur relation remonte aux années 1960, lorsqu'ils enseignaient tous deux à l'Université de l'Ohio, et se poursuit aujourd'hui tandis qu'ils collaborent et que leurs entreprises se font la concurrence de manière coopérative à Escondido, en Californie. Ken remercie également Norman et Ruth Peale pour leur inspiration et l'influence positive qu'ils ont eue sur sa vie.

De plus, Ken remercie Drea Zigarmi, Scott Blanchard et Vicki Essary pour les recherches qu'ils ont effectuées sur la relation qui existe entre le leadership, la passion des employés, la fidélité des clients et la vitalité de l'entreprise.

Tous nos remerciements également à Randy Garn, de la Prosper, Inc., ainsi qu'à Tom McKee et à Kevin Small, de The Ken Blanchard Companies, qui nous ont encouragés à écrire le présent livre. Sans leurs douces incitations, ce manuscrit n'aurait peut-être jamais vu le jour. Kevin a aussi joué un rôle primordial dans sa parution en nous faisant rencontrer les gens formidables de la Random House/ Doubleday, Michael Palgon et Roger Scholl.

Nous aurions été perdus sans l'apport de meilleurs auteurs que nous, surtout celui de Martha Lawrence, la partenaire d'écriture et l'inspiration de Ken. Susan Drake, Jonellen Heckler et Mme Terry Paulson, tous collègues de Don, nous ont apporté leur aide inestimable dans le domaine de l'édition.

Nous tenons à remercier également les gens qui ont lu le manuscrit et ont bien voulu nous communiquer leurs impressions à son sujet. Parmi eux, notons Kemmons Wilson, fils, Jerry Britton, Beverly Britton, Joe Hensley, Ruth Ann Hensley, L. D. Beard, Sondra Fondren, Mark Ruleman, Frank Colvett, père, Earl Blankenship, Frank Watson, fils, M. Paul Green, David Waddell, Scott Messmore, Joan Messmore, Greg Casals, Phil Donovan, Steve Williford, Bentley Goodwin, Chris Mercer, Jerry Cardwell, Petie Parker, Pat Kandel, Carmela Southers, Jan Nast-Carter, Martha Maher, Linda Hulst, Gwin Scott, fils, Terri Murphy et toutes les bonnes gens du Skaneateles Country Club.

Ken et Magie Blanchard sont redevables à un certain nombre d'entrepreneurs qui se sont donné beaucoup de mal pour leur venir en aide au tout début de The Ken Blanchard Companies. Parmi eux se trouve Dick Pratt, un entrepreneur extraordinaire qui est à la tête de la plus grande société d'Australie, et qui a été le premier à leur communiquer les quatre clefs de la réussite d'un entrepreneur. Red Scott, de San Diego, insista sur l'importance des REVENUS, REVENUS,

REVENUS. Les conseils que John Anderson (Illinois), Peter Meinig (Oklahoma), John Metz (Pennsylvanie), Alan Raffee (Californie) et Dick Reiten (Orégon) – qui formaient le conseil consultatif initial de leur entreprise – furent inestimables pour Ken et Margie lorsque ceux-ci démarrèrent leur carrière d'entrepreneurs. John Eldred, un consultant formidable auprès d'entreprises familiales, entra dans leur vie au bon moment et les aida à intégrer leur fils Scott, leur fille Debbie et le frère de Margie, Tom McKee, dans leur entreprise. Des remerciements particuliers vont également au conseil consultatif de The Ken Blanchard Companies : Pat Hyndman, Bob Lorber, Tom Muccio, Garry Ridge et Richard Whiteley.

Don reconnaît le défunt Dick Gardner, le mentor et supérieur perspicace de ses débuts, qui lui fournit son premier emploi après l'université.

Des remerciements particuliers vont à Richard Andrews pour toute l'aide qu'il nous a procurée dans le cadre de nos contrats et qui a permis au présent livre de devenir réalité. Des remerciements particuliers vont également à quatre organisations qui nous ont tous deux influencés : la Young President's Organization (YPO), la National Speakers Association (NSA), la Toastmasters International et l'Entrepreneurs' Organization (EO). Ces quatre organisations abondent en personnes excellant dans la motivation et l'encouragement de gens qui souhaitent faire une différence dans le monde.

Enfin, nous tenons à remercier nos épouses, Margie et Terri, les dernières mais non les moindres, qui nous ont permis d'épouser des femmes nous étant supérieures et de devenir de meilleurs êtres humains chemin faisant. Elles sont pour nous aujourd'hui d'importantes partenaires d'entrepreneuriat.

LECTURES RECOMMANDÉES

D<small>E</small> K<small>EN</small> B<small>LANCHARD</small>
- *Le Manager Minute* (avec Spencer Johnson)
- *Leadership and the One Minute Manager* (avec Drea Zigarmi et Pat Zigarmi)
- *The One Minute Manager Builds High Performing Teams* (avec Don Carew et Eunice Parisi-Carew)
- *Self Leadership and the One Minute Manager* (avec Susan Fowler et Laurence Hawkins)
- *The Generosity Factor* (avec Truett Cathy)
- *Know Can Do!* (avec Paul J. Meyer et Dick Ruhe)
- *Leading at a Higer Level* (avec la division Founding Associates and Consulting Partners de The Ken Blanchard Companies)
- *Soyez fiers de vous!* (avec Jim Ballard, Chuck Tompkins et Thad Lacinak)

D<small>E</small> D<small>ON</small> H<small>UTSON</small>
- *The Sale*
- *The Contented Achiever* (avec Chris Crouch et George Lucas)
- *Speaking Secrets of the Masters* (avec les membres de la Speakers Roundtable)
- *Insights into Excellence* (avec les membres de la Speakers Roundtable)
- *Taking Charge : Lessons in Leadership* (anthologie)

DE SHELDON BOWLES
- *Raving Fans* (avec Ken Blanchard)
- *Gung Ho!* (avec Ken Blanchard)
- *High Five!* (avec Ken Blanchard)
- *Big Bucks!* (avec Ken Blanchard)
- *Kingdomality* (avec Richard Silvano et Susan Silvano)

DE CHARLIE « TREMENDOUS » JONES
- *La vie est magnifique*
- *The Price of Leadership*
- *Four-Star Leadership for Leaders*
- *Finding Freedom in Forgiveness*
- *From a Father's Heart*
- *Humor is Tremendous*

DE MICHAEL GERBER
- *The E-Myth*
- *The E-Myth Revisited*
- *E-Myth Mastery*
- *Awakening the Entrepreneur Within*

SERVICES OFFERTS

Ken Blanchard et Don Hutson prennent la parole dans le cadre de congrès et devant des organisations dans le monde entier. Ils ont du matériel à offrir sous forme de CD audio et de DVD, ainsi que des formations sur Internet.

The Ken Blanchard Companies donne des séminaires et des consultations approfondies dans les domaines du service à la clientèle, du leadership, de la création d'équipes, de la gestion du rendement et de la qualité. L'entreprise de Don, la U.S. Learning, se spécialise dans l'accroissement des ventes, l'amélioration des relations, la gestion et l'entrepreneuriat.

Pour en savoir davantage au sujet des activités et des programmes de M. Ken Blanchard, écrivez ou téléphonez à:

THE KEN BLANCHARD COMPANIES
125 State Place
Escondido, CA 92029
www.kenblanchard.com
1-800-728-6000, des États-Unis
1-760-489-5005, de partout

Afin d'en savoir davantage au sujet de la possibilité pour Don Hutson de prendre la parole durant une de vos réunions ou de travailler en collaboration avec votre entreprise, veuillez écrire ou téléphoner à:

DON HUTSON, CPAE, CEO
U.S. Learning, Inc.
516 Tennessee Strect, 2nd Floor
Memphis, TN 38103
Don@DonHutson.com
www.DonHutson.com
1-800-647-9166 ou 1-901-767-0000

AU SUJET DE LA PROSPER, INC.

Ethan Willis est le fondateur de la Prosper, Inc., un chef de fil reconnu dans le monde entier en cours par correspondance offerts aux entrepreneurs. Fondée en 1999, la Prosper, Inc. a aidé plus de 40 000 étudiants à découvrir puis à exploiter leurs forces en entrepreneuriat afin de bâtir des entreprises prospères.

La Prosper, Inc. croit que votre formation devrait s'avérer rentable. Leurs méthodes d'encadrement personnalisé produisent rapidement des résultats dans les domaines suivants :

- L'entrepreneuriat
- Les petites entreprises
- Le commerce électronique et le marketing sur Internet
- L'investissement dans l'immobilier
- L'investissement dans le marché boursier sur Internet
- Les finances personnelles

Pour en savoir davantage au sujet de l'encadrement personnalisé qu'offre la Prosper, Inc., composez le 1-866-704-4028 ou visitez son site Web à l'adresse suivante : www.prospering.com.

AU SUJET DES AUTEURS

Ken Blanchard a exercé une influence extraordinaire sur la gestion quotidienne de millions de gens et d'entreprises. Il est l'auteur de plusieurs succès de librairie, y compris des livres ayant fait un tabac sur la scène internationale comme *Le Manager Minute*® et les grands classiques du monde des affaires *Leadership and the One Minute Manager, Raving Fans* et *Gung Ho!* L'ensemble de ses livres s'est vendu à plus de 18 millions d'exemplaires dans plus de vingt-cinq langues. En 2005, Ken fut intronisé au panthéon de la renommée d'Amazon à titre d'un des vingt-cinq meilleurs auteurs à succès de tous les temps.

Ken est l'officier spirituel en chef de The Ken Blanchard Companies, une société internationale de formation et de consultation en gestion. Il est également cofondateur de Lead Like Jesus Ministries, une organisation caritative consacrée à inspirer et à équiper des gens de sorte qu'ils deviennent des leaders serviteurs sur le marché du travail. La faculté d'administration de l'Université Grand Canyon porte son nom.

Don Hutson, de Memphis, au Tennessee, est le PDG de la U.S. Learning. Il a donné plus de cinq mille discours dans vingt-deux pays au cours des trente-cinq dernières années et a été intronisé au panthéon de la renommée de la National Speakers Association. Don a fait partie du comité fondateur de la National Speakers Association, dont il a servi de troisième président, et il a reçu le prix Cavett à titre de Membre émérite de l'année. Il siège au conseil de direction de la Society of Entrepreneurs, à laquelle il a servi de président.

Don Hutson est auteur ou coauteur de neuf livres, y compris *The Sale* et *The Contented Achiever*, et il a publié ses programmes de formation en vente et en gestion sur CD et DVD. Il apparaît fréquemment sur les chaînes de télévision PBS et TSTN.

Ethan Willis, de South Pasadena, en Californie, est cofondateur et PDG de la Prosper, Inc., un chef de file dans le domaine de l'encadrement personnalisé, comportant des cours en entrepreneuriat, en commerce électronique, en marketing sur Internet, en investissement dans l'immobilier, en finances personnelles et en investissement dans le marché boursier.

Ethan a apporté une contribution de taille au secteur de la formation par correspondance en formant plus de 150 000 entrepreneurs dans soixante-seize pays. Ernst and Young l'a nommé Entrepreneur de l'année en 2005, et la NRCC l'a nommé Homme d'affaires de l'année en 2006.

Ethan a possédé et exploité plus d'une douzaine d'entreprises, y compris Education Success, Inc., Money Mentor Center, Prosper Media et AdCafe.

DÉCOUVREZ VOS FORCES
(EN ANGLAIS SEULEMENT)

ÉVALUATION GRATUITE DE VOS FORCES EN ENTREPRENEURIAT

L'heure est venue...

... de découvrir vos forces et d'exploiter votre potentiel au maximum. Ce livre a été écrit dans le but d'aider les gens à découvrir leurs forces en entrepreneuriat et aborde 20 attributs clés des entrepreneurs prospères. Ces attributs peuvent se trouver, dans une certaine mesure, chez tout entrepreneur qui connaît la réussite.

En y pensant bien, vous trouverez certains de ces attributs aussi en vous-même. Lesquels possédez-vous, et dans quelle mesure ? Lesquels vous font défaut et comment vous est-il possible d'intégrer ceux qui manquent à votre arsenal ?

Nous avons aidé des entreprises Fortune 500 à faire des percées qui leur ont permis d'accéder à des sommets encore plus élevés. Nous souhaitons maintenant vous aider à faire des percées personnelles ! Permettez-nous de vous aider à :

- découvrir vos véritables forces et talents
- améliorer vos aptitudes au leadership
- gagner de l'assurance
- aligner vos objectifs individuels sur vos compétences
- vous engager sur le chemin de la réalisation de vos rêves

DÉCOUVREZ VOS FORCES
(EN ANGLAIS SEULEMENT)

ÉVALUATION GRATUITE DE VOS FORCES EN ENTREPRENEURIAT

LE SYSTÈME

Nous avons créé une évaluation, un système, qui vous aidera à tirer le meilleur avantage possible de vos attributs. Elle vous aidera également à apporter des changements qui vous permettront de développer les autres attributs.

Notre équipe a élaboré un sondage GRATUIT des attributs en entrepreneuriat. Ce sondage vous révélera vos forces et vos faiblesses en entrepreneuriat, vous permettra d'exploiter vos forces et contribuera à fortifier vos faiblesses.

L'évaluation consiste en une série de questions destinées à déterminer vos domaines de compétence et les domaines dans lesquels vous devriez chercher à vous améliorer. Une fois que vous aurez effectué l'évaluation, vous aurez accès instantanément à un rapport d'évaluation personnelle de vos attributs en entrepreneuriat.

Vous pouvez accéder à cette évaluation gratuite sur le site www.estrengths.com. Cette évaluation vous inspirera le désir de réussir encore mieux votre vie. Visitez le site, répondez au sondage et engagez-vous sur le chemin de l'excellence !

www.estrengths.com

PROGRAMME DE FORMATION À DOMICILE
(EN ANGLAIS SEULEMENT)

RÉINVENTEZ VOTRE VIE POUR LE PLAISIR ET L'ARGENT

Entièrement téléchargeable
Comprend matériel audio, vidéo et livres électroniques

Toute grande histoire de réussite commence par une idée. Êtes-vous à une idée près de la réalisation de vos rêves ? Avez-vous besoin d'aide pour trouver cette idée ou la mettre à exécution ? Le Programme de formation à domicile de *L'Entrepreneur Minute* renferme les outils dont vous avez besoin pour faire réussir votre idée.

À partir de ce programme digital exhaustif, vous découvrirez le système éprouvé, puissant et extrêmement avantageux que Ken Blanchard a mis au point pour découvrir, développer et exploiter des idées d'affaires percutantes. Vous y découvrirez comment lancer votre nouvelle entreprise, trouver des sources de financement et prendre soin de vos clients et de votre équipe. Mieux encore, vous apprendrez à faire de votre rêve une réalité.

Êtes-vous prêt à commencer ? Il vous suffit de visiter le site www.omehomestudy.com afin de commander le Programme de formation à domicile de *L'Entrepreneur Minute* et de vous lancer dans l'aventure.

www.omehomestudy.com

CONFÉRENCE VIRTUELLE
(EN ANGLAIS SEULEMENT)

*ENTENDEZ-LE DE LA BOUCHE
MÊME DE L'AUTEUR*

*Opportunité exclusive offerte
aux entrepreneurs*

Nous souhaitons vous aider à créer votre propre histoire de réussite personnelle. Nous ne nous soucions aucunement de vos échecs passés, de votre personnalité et de votre situation actuelle. Ensemble, nous arriverons à éliminer tout ce qui est susceptible de vous empêcher d'avancer, et à mettre vos idées en pratique ! L'heure est venue de bâtir sur vos forces et de faire de votre entreprise une réalité.

Nous avons créé une conférence virtuelle exclusive, présentant Ken Blanchard, pour ceux qui croient avoir ce qu'il faut pour tirer avantage de leurs forces et pour réaliser leurs rêves !

Dans cette conférence virtuelle, Ken aborde la motivation et les facteurs l'ayant incité à écrire ce livre et résume les points qui feront toute la différence dans votre aventure, y compris les quatre actions que vous devez entreprendre pour connaître la réussite :

* Veillez à ce que vos ventes excèdent vos dépenses
* Recouvrez vos créances
* Prenez soin de vos clients
* Prenez soin de vos effectifs

De plus, Ken aborde les 20 attributs de tout entrepreneur prospère, et indique en quoi ils s'appliquent à vous.

Cette conférence virtuelle vous fera découvrir une rare perception de l'esprit de l'entrepreneur prospère et vous offrira une occasion exclusive de faire l'expérience de la magie de Ken Blanchard.

Pour quiconque souhaite trouver, accroître et savourer la réussite, il est essentiel de passer à l'action. Acceptez donc l'invitation personnelle de Ken à assister à sa conférence virtuelle en visitant le site :

www.omeconference.com

VOUS AVEZ LU LE LIVRE...
OBTENEZ MAINTENANT LE DIPLÔME
(EN ANGLAIS SEULEMENT)

ATTEIGNEZ DE PLUS HAUTS SOMMETS EN ENTREPRENEURIAT AUPRÈS DU COLLEGE OF BUSINESS DE KEN BLANCHARD

Approfondissez les principes détaillés dans les livres de Ken Blanchard en fréquentant le College of Business de Ken Blanchard. Vous acquerrez ainsi les stratégies éprouvées de M. Blanchard qui conduisent à la réussite en affaires, y compris celles relatives à l'entrepreneuriat, à l'innovation et au leadership. Notre diplôme et nos programmes de certificat d'avant-garde ont la capacité d'altérer le cours de la vie d'un futur entrepreneur. Vous pouvez même faire une demande d'inscription à un programme d'EMBA exclusif qu'enseignent plusieurs chefs d'entreprise de renom comme Colleen Barrett, présidente de la Southwest Airlines, Harvey Mackay, chroniqueur affilié du monde des affaires, et Ken Blanchard.

Inscrivez-vous dès aujourd'hui et recevez un exemplaire signé du succès de librairie de Ken Blanchard intitulé *Leading at a Higher Level* (jusqu'à épuisement des stocks).

Investissez en vous-même.
Inscrivez-vous dès aujourd'hui.

Découvrez les secrets d'un leadership et d'un esprit d'entrepreneuriat de niveau international qui vous conduiront à la prospérité en affaires et à la richesse à long terme.

Composez le numéro de téléphone suivant
ou visitez le site :
1-888-264-7624 ou www.gcu.edu/ome
KEN BLANCHARD
College of Business
À l'université Grand Canyon
Copyright © 2008 Grand Canyon University

Table des matières